CODE
DES
CHARROIS MILITAIRES
ET
SERVICES RÉUNIS,
OU

Collection Générale des Décrets de la Convention Nationale, relatifs à l'organisation du service des charrois, des effets de campement, des vivres, hôpitaux ambulans et des parcs des armées de la République Française.

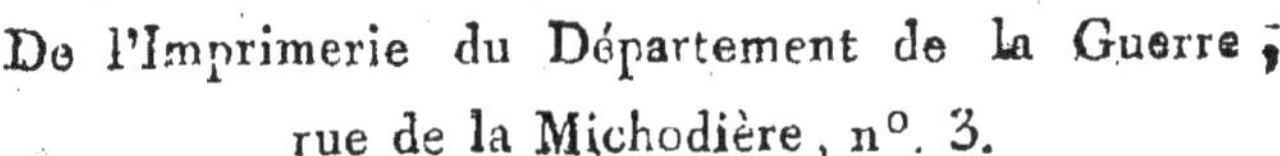

De l'Imprimerie du Département de la Guerre, rue de la Michodière, n°. 3.

An 2e de la République une et indivisible.

DÉCRETS
DE LA
CONVENTION NATIONALE.
RELATIFS AUX CHARROIS MILITAIRES.

DÉCRET du 25 Juillet 1793, l'an second de la République Française,

Relatif à une nouvelle organisation des équipages destinés aux divers services des armées de la République.

La Convention Nationale, après avoir entendu le rapport de ses comités de salut public, des finances, des subsistances, charrois et habillemens militaires réunis, sur l'organisation nouvelle à donner aux équipages destinés aux divers services des armées de la République, considérant que les traités passés entre le Ministre et les entrepreneurs des charrois, sont ou usuraires ou ruineux pour la République; que les prix des fournitures et entretiens sont presque tous stipulés en numéraire, notamment ceux passés avec la compagnie Masson et d'Espagnac.

Considérant que l'agiotage perfide et les manœuvres de quelques entrepreneurs, en ont fait porter la différence avec les assignats à un taux effrayant.

Considérant qu'une ineptie coupable ou une trahison perfide, ont pu seules faire substituer despotiquement et clandestinement les marchés payables en numéraire, à d'autres qui existoient et qui étoient stipulés en assignats, même à un prix inférieur.

Considérant que l'on ne pourroit, sans une coupable indulgence, laisser subsister de pareils traités, et voir quelques fortunes s'élever aussi scandaleusement, sans exiger de leurs auteurs et complices des comptes sévères, malgré les conditions astutieuses et perfides que quelques-uns ont eu l'adresse de faire insérer dans leurs marchés.

Considérant qu'il seroit d'un dangereux et funeste exemple pour le salut de la République, de laisser subsister sans cesse la responsabilité des Ministres ou de leurs agens, en sanctionnant l'ouvrage de leur ineptie.

Considérant que de la réunion de tous les services, il en résultera plus d'uniformité, plus d'activité dans le service et une économie considérable; qu'il est d'ailleurs très-important de rendre à l'agriculture une quantité de bras, de chevaux qui sont aux armées, et qui y consomment journellement des vivres et des fourrages, et épuisent les finances de la République.

Considérant enfin, que, d'après les conditions des différens traités passés avec le Ministre de la République et les entrepreneurs, elle a le droit de les faire compter de clerc à maître, décrète ce qui suit :

ARTICLE PREMIER.

A compter du premier Août prochain, tous les traités faits par les Ministres de la guerre avec divers entrepreneurs, pour fournitures de chevaux et équipages destinés au service de l'artillerie, des vivres, ambulance des hôpitaux et des charrois des armées, sont résiliés.

II.

Du jour de la notification du présent décret, lesdits entrepreneurs cesseront tous achats de chevaux, mulets, chariots, harnois et autres objets relatifs à leur entreprise.

III.

Les services connus sous les dénominations des charrois militaires, des vivres et ambulances, seront réunis pour le premier Août, et confiés à l'administration d'une régie intéressée.

I V.

Cette régie sera composée de sept régisseurs en chef qui seront chargés de diriger et surveiller le service des équipages dans les différentes armées de la République; ils seront tenus de fournir à la trésorerie nationale, dans le délai de quinzaine, en immeubles ou en effets nationaux, chacun le cautionnement d'une somme de trois cents mille livres.

Les employés de la régie, depuis le premier conducteur jusqu'à l'inspecteur en chef, seront tenus de donner un cautionnement en effets ou immeubles, égal à trois années des appointemens dont ils jouiront.

V.

Les régisseurs seront nommés par le conseil exécutif; ils agiront sous ses ordres.

V I.

Il ne sera réglé aucun traitement fixe aux régisseurs. La moitié du bénéfice résultant de leur administration, d'après le prix qui sera ci-après réglé pour la journée d'entretien par cheval, appartiendra à la régie, et sera répartie également entre ses membres ; l'autre moitié sera versée au trésor public.

VII.

Le premier Août prochain, époque de la résiliation des traités des entrepreneurs et de la reprise du service par la nouvelle régie, il sera fait le même jour, et par-tout où il sera besoin, une revue générale des chevaux, chariots, harnois et autres effets dépendans des équipages des différens services, ainsi que des employés et charretiers qui y sont attachés ; il en sera dressé procès-verbal d'inventaire énonciatif et distinctif des fournisseurs actuels, des quantités, des qualités, espèces, taille, poil et âge de leurs chevaux et mulets et de tous autres effets, soit qu'ils appartiennent à des entrepreneurs tels que ceux de l'artillerie, le tout à la diligence et sous la responsabilité des commissaires des guerres, d'après les ordres qui leur seront adressés par le Ministre de la guerre ou par le Commissaire-ordonnateur de la division ; ils requerront, pour cette opération, l'assistance de deux membres de la municipalité la plus voisine; ils nommeront, pour la régie, tels experts qu'il sera à propos de nommer; et les entrepreneurs dont les traités se trouvent résiliés, seront tenus d'envoyer le susdit jour leurs experts en nombre égal, à l'effet de procéder contradictoirement audit inventaire.

VIII.

Les commissaires des guerres auront soin d'indiquer sur leurs revues les chevaux propres aux remontes pour la cavalerie et les troupes légères; ils devront les signaler, marquer et en dresser un état séparé qu'ils enverront de suite au Ministre de la guerre: ils dresseront pareillement un état séparé des chevaux ou mulets, et effets de quelque nature qu'ils puissent être, qui seroient reconnus mauvais et hors d'état de faire un bon service, qu'ils enverront de suite au Ministre de la guerre, qui est chargé d'en ordonner la vente dans le plus court délai, et sous la surveillance des autorités constituées, ainsi que de celui qui excédera les besoins du service confié à la nouvelle régie.

Seront cependant distraits de la vente et déposés dans les magasins de la République, les chariots et harnois qui, jugés bons, se trouveroient excéder les besoins de la nouvelle régie.

I X.

Les compagnies supprimées seront tenues de compter de clerc à maître devant les commissaires qui seront nommés par la trésorerie nationale, et sous l'inspection des comités réunis ; il leur sera alloué une remise, conformément à leurs marchés ; leurs comptes devront être rendus publics et apurés pour le premier Octobre prochain, et soumis à l'approbation de la Convention.

X.

Le prix de la journée d'entretien est fixé à trois livres dix sols par chaque cheval ou mulet, pour tout le tems de la guerre ; le nombre en sera fixé d'après le tableau que le Ministre de la guerre sera tenu de présenter, dans deux jours, aux comités réunis des finances, des subsistances, charrois et habillemens militaires, qui en feront leur rapport.

X I.

Le nombre des chevaux et mulets qui sera fixé, pourra être augmenté par le Ministre de la guerre, qui, en l'ordonnant, sera tenu d'en présenter l'état aux comités réunis, qui en feront le rapport à la Convention.

X I I.

Au moyen du prix réglé ci-dessus, la régie sera chargée de toutes les dépenses relatives à l'entretien des chevaux et mulets, voitures, équipages et tous frais accessoires; elle devra entretenir et solder la quantité des charretiers, ouvriers et employés, qui a été déterminée par les soumissions des entrepreneurs supprimés.

La régie fera remplacer, aux frais de la République, les pertes en chevaux, voitures et harnois, provenantes de force majeure, telles que captures par l'ennemi, inondations, incendies, mort, marche forcée ou morve provenant de chevaux tenus au piquet, passé le premier octobre, et qui viendroient à périr dans le mois suivant.

Mais elle devra remplacer à ses frais les chevaux ou mulets qui périroient, hors les cas ci-devant prévus, ainsi que les voitures ou harnois qui devront par suite être remplacées.

X I I I.

Les fonds seront faits à l'avance et au commencement de chaque mois, dans la proportion de deux tiers de ce qui sera présumé revenir à la régie, d'après la fixation du nombre des chevaux et mulets qu'elle doit entretenir; l'autre tiers sera soldé, par forme de décompte, sur les états de revues qui devront être faites tous les mois par les commissaires des guerres employés dans les divisions ou aux armées.

X I V.

La régie comptera de clerc à maître de toutes ses dépenses, dont elle sera tenue de justifier, par pièces en bonne forme; ce compte sera rendu tous les trois mois, et appuré d'un trimestre à l'autre.

Ses livres de comptabilité seront scellés et paraphés par un commissaire des guerres que le Ministre de la guerre commettra à cet effet, et par le maire du lieu le plus voisin de l'armée, ou, à son défaut, par l'officier municipal qui le suit.

X V.

Les conducteurs en chef devront aussi tenir des registres de tous les mouvemens qui auront lieu dans les équipages qui leur sont confiés; ils seront vérifiés et comparés avec les registres tenus par les gardes-magasins, les étapiers, et par tout homme public qui le demandera, mais de rigueur, au moins une fois par mois, par les commissaires des guerres, chargés de l'inspection des charrois, qui en feront mention sur lesdits registres; en cas d'abus ou de malversation, ils seront punis conformément au code pénal décrété le 12 mai dernier.

La régie demeure responsable du service qui lui est confié, ainsi que des effets, chevaux et mulets, qu'elle sera tenue de représenter au même nombre et quantité, qui auront été reconnus au moment de la remise à sa disposition.

XVI.

Le Ministre de la guerre désignera deux commissaires inspecteurs pour chaque armée, qui seront spécialement chargés de la police et surveillance des équipages, ainsi que des *visa* et vérification des revues et autres détails qui intéressent ce service (*).

XVII.

Du moment que les troupes de la Répu-

(*) Par son décret du 16 Septembre 1792, la Convention a rapporté cet article, et a ordonné que les Commissaires-Inspecteurs seroient nommés par elle.

blique rentreront dans les quartiers d'hiver, il sera fait une revue générale des équipages, laquelle aura pour objet de constater l'état des chevaux et mulets, et de désigner ceux qui seroient susceptibles de réforme, pour la vente en être de suite ordonnée par le Ministre de la guerre, et faite sous la surveillance des autorités constituées, à charge de les faire remplacer; mais seulement à l'époque prévue pour la rentrée en campagne.

XVIII.

Les commissaires-ordonnateurs des armées et des divisions, à ce que, pendant la durée du quartier d'hiver, et même pendant la belle saison, pour la partie en réserve, les chevaux et mulets d'équipages, ne restent pas dans une inactivité aussi préjudiciable à leur conservation, qu'aux intérêts de la République; ils les employeront aux transports relatifs aux approvisionnemens, et au mouvement des magasins de l'armée.

XIX.

Le ministre de la guerre est autorisé à laisser provisoirement en activité, pour le service de l'artillerie, seulement, les citoyens Lancherre, Choiseau, Wenter et Boursault, à continuer leurs marchés, d'après les clauses, charges et conditions qu'ils renferment, en y ajoutant un article qui fixera la solde de chaque cheval, à 3 livres dix sous par jour. Les entrepreneurs devront secourir la régie, toutes les fois qu'ils en seront requis par le commissaire-ordonnateur en chef, et qu'ils pourront le faire sans compromettre leur propre service; ce secours sera réciproque de la part de la régie, lorsqu'elle en sera pareillement requise, et leurs chevaux pourront être également employés, pendant les quartiers d'hiver, aux transports des vivres, des fourrages, et à tout autre service de la République.

X X.

Les scellés seront mis et déposés sur tous les papiers de la compagnie Masson et d'Espagnac, à l'exception de son journal et grand livre.

X X I.

Marc-René Sahuguet d'Espagnac continuera de rester en état d'arrestation, sous la surveillance de la municipalité de Paris, jusqu'à ce que tous ses comptes soient appurés et approuvés par la Convention nationale.

XXII.

Marc-René d'Espagnac demeure responsable envers la République, de toutes les mauvaises et défectueuses fournitures qu'il auroit pu lui faire, en chevaux, charriots, charrettes et autres effets.

XXIII.

Tous les charretiers, conducteurs et autres préposés dans les différens services supprimés, sont tenus de continuer leurs emplois, comme du passé, et jusqu'à ce qu'ils soient remplacés si la nouvelle régie le juge convenable aux intérêts de la République; et les principaux comptables, jusqu'à ce qu'ils aient rendu et soldé leurs comptes.

XXIV.

Il ne sera à l'avenir fourni ni caissons ni chevaux aux officiers des armées, de quelque grade qu'ils soient, que ceux qui leur sont accordés par les réglemens et loix militaires.

Visé par l'Inspecteur, Signé *S. E. Monnel.*

Collationné à l'original, par nous président et secrétaires de la convention nationale. À Paris, le 28 Juillet 1793, l'an second de la République française.

Jean-Bon Saint-André, *président*; Thirion, David et Dupuis fils, *secrétaires*.

DÉCRET

Du 19 août 1793, l'an second de la république Française.

Relatif à l'organisation de l'administration des charrois militaires, vivres et ambulances.

LA convention nationale, ouï le rapport de son comité de surveillance sur les subsistances, habillemens et charrois militaires décrète :

TITRE PREMIER.

De la comptabilité.

ARTICLE PREMIER.

Les administrateurs des charrois militaires, vivres et ambulances, tiendront les comptes de l'administration à parties doubles.

II.

Ils inscriront, jour par jour, sur un registre, toutes les lettres qu'ils écriront.

III.

III.

Ils inscriront de même, et dans le jour de l'arrivée, les lettres qu'ils recevront. Ils cotteront l'original et la copie desdites lettres d'un numéro correspondant.

IV.

Il en sera de même de tous les marchés et traités, de quelque nature qu'ils soient.

V.

L'administration des vivres, eu égard aux rations de pain et de fourrage, la trésorerie nationale, ainsi que tous les fournisseurs et les employés comptables, auront un compte à parties doubles, ouverts sur les livres de l'administration des charrois.

VI.

Aucun compte ne pourra contenir plus d'un trimestre.

VII.

Les trimestres seront censés révolus les 31 mars, 30 juin, 30 septembre et 31 décembre de chaque année.

VIII.

Chaque jour l'administration des charrois

enverra au comité de surveillance sur les subsistances, habillemens et charrois militaires, une expédition de chacun des articles inscrits la veille sur son journal, ainsi que des marchés ou traités qu'elle aura passés.

I X.

Les conducteurs tiendront un registre relié et couvert en carton, pour y inscrire les feuilles de prêt, un pour les états de mouvemens, un pour les bons de fourrage, un pour les chargemens, et un pour les ordres qu'ils recevront de leurs supérieurs.

X.

Tout charretier en route sera porteur de carnet, sur lequel le nombre, le numéro et la marque de ses chevaux auront été inscrits, au moment de son départ, par le conducteur. Tous les garde-magasins de la route inscriront sur le même carnet la quantité et la qualité des fourrages qu'ils lui délivreront. Ces inscriptions seront datées et signées par ceux qui les auront faites, chacun en droit soi.

X I.

Il est défendu à tout conducteur de changer en bons généraux de fourrage, les bons partiels qui auront été donnés aux garde-magasins.

XII.

Tout garde-magasin de l'administration des vivres sera tenu d'envoyer, le 2 de chaque mois, au bureau général des vivres près l'armée dans l'arrondissement duquel il se trouvera, les bons de fourrage qui lui auront été délivrés dans le mois précédent. Aucun bon général de fourrage ne pourra lui être alloué comme pièce comptable. Il fera charger cet envoi au bureau de la poste.

XIII.

Les administrateurs des charrois seront tenus de reconnoître, par eux ou par leurs employés, au bureau général des vivres, avant le 15 de chaque mois, leurs bons de fourrage du mois précédent.

XIV.

Le paiement des sommes qui seront dues à l'administration des charrois, pour son service, lui sera fait directement par la trésorerie nationale.

XV.

Les administrateurs des charrois auront la faculté de prendre en paiement des mandats de la trésorerie nationale, sur les différens payeurs-généraux des armées.

XVI.

Lesdits administrateurs bonifieront, d'après le tarif des messageries nationales, les frais de transport des sommes qui leur seront payées par les payeurs généraux des armées, en acquit desdits mandats.

XVII.

Les payeurs généraux près les armées ne pourront avancer aucune somme à l'administration des charrois, si ce n'est dans le cas d'urgence, sur l'ordonnance des représentans du peuple près lesdites armées, et par forme de prêt.

XVIII.

Dans les cas où les payeurs généraux près les armées feroient à l'administration des charrois de pareilles avances, ils en donneront avis à la trésorerie nationale, qui en donnera connoissance au comité de surveillance sur les subsistances, habillemens et charrois militaires.

XIX.

Tout paiement fait à l'administration des charrois par lesdits payeurs généraux, autrement qu'en vertu d'un mandat de la trésorerie nationale, ne pourra être alloué dans leurs comptes.

TITRE II.

Des procès-verbaux de réception des chevaux, voitures et harnois.

ARTICLE PREMIER.

Les chevaux, voitures, caissons, forges de campagne et harnois, seront reçus provisoirement par le commissaire des guerres, ou, en son absence, par deux membres du conseil-général de la commune du chef-lieu de district, et il en sera dressé procès verbal.

II.

Les réceptions définitives de ces objets seront faites par un commissaire des guerres, en présence de deux membres du conseil-général de la commune, et d'un préposé de l'administration des charrois. Les fournisseurs y seront duement appelés. A défaut du commissaire des guerres, elles seront faites par deux membres du conseil-général de la commune.

III.

Les difficultés qui pourroient s'élever à l'occasion de ces réceptions, seront décidées par le commissaire ordonnateur de l'armée.

I V.

Lors de la réception définitive, les chevaux seront marqués au fer chaud, sur une fesse, de la marque de la république; et sur l'autre, d'un numéro.

V.

Les voitures, caissons et forges de campagne seront aussi marqués sur les deux brancards, aux trois quarts de chacun d'eux et sur le moyeu de chaque roue, à l'estampe, entrant de deux lignes dans le bois. Le même numéro sera apposé à l'huile, et en noir sur la couverture.

V I.

Ces numéros seront établis par séries, de manière que chaque numéro ne puisse pas contenir plus de trois chiffes.

V I I.

Chaque chef de dépôt enregistrera aussi-tôt après la réception définitive, sur un livre relié et couvert en carton, les chevaux, les voitures, caissons et forges de campagne, avec les numéros de chacun d'eux, et le signalement des chevaux. Il enverra le double de son enregistrement, dans les vingt-quatre heures, au bureau général de l'administration, à Paris. Il fera charger cet envoi au bureau des postes.

VIII.

Chaque espèce de voitures, ainsi que les caissons et forges de campagne, seront inscrits sur un article séparé, et seront soumis à nne série de numéros particuliers.

TITRE III.

Des revues.

ARTICLE PREMIER.

Il sera établi auprès de chaque armée des commissaires des guerres chargés spécialement de passer les revues, et de surveiller le service des charrois et les transports d'artillerie.

II.

Le nombre de ces commissaires demeure fixé à raison d'un par 10,000 hommes de troupes existans à l'armée.

III.

Les derniers jours de chaque mois, les commissaires des guerres passeront dans les armées, places, quartiers et cantonnemens, des revues partielles des employés, charretiers, chevaux, mulets, voitures, caissons, forges de campagne et harnois.

I V.

Indépendamment de ces revues, les commissaires des guerres seront tenus d'en passer au moins une à telle autre époque de chaque mois qu'ils jugeront nécessaire.

V.

Les commissaires-ordonnateurs des armées pourront en faire faire d'extraordinaires toutes les fois qu'ils le jugeront convenable.

V I.

Ils seront tenus d'en faire passer après chaque bataille, dès qu'il sera possible de le faire.

V I I.

Lorsqu'une revue aura lieu, chaque charretier sera tenu de présenter son engagement au commissaire des guerres, à peine de trois livres de retenue.

V I I I.

Tout homme non attaché au service de l'administration des charrois, qui sera convaincu de s'être présenté frauduleusement, lors d'une revue, pour être compté au nombre des employés, ouvriers ou charretiers, sera puni de trois mois de prison.

I X.

Tout conducteur qui aura toléré cette fraude, sera destitué et puni d'un an de prison.

X.

En cas de mort, de désertion ou de prise par l'ennemi, d'un employé, ouvrier, ou charretier, le conducteur sera tenu d'en donner avis, sans délai, au commissaire des guerres, qui en tiendra note, sur un registre à ce destiné.

X I.

Ces revues seront énonciatives des noms et prénoms des hommes, des numéros des voitures, caissons et forges de campagne, ainsi que des numéros et signalement des chevaux.

X I I.

Les revues partielles, prescrites à la fin de chaque mois, ne pourront être différées sous aucun prétexte.

X I I I.

Elles serviront à constater les rations dues

à l'équipage, tant en pain qu'en fourrages, ainsi que la solde des chevaux, pendant chaque trimestre.

X I V.

Elles seront passées à l'armée, en présence d'un officier ou sous-officier délégué par le commandant de la division; et dans les places, quartiers et cantonnemens, en présence de deux membres du conseil-général de la commune.

X V.

Elles seront signées par les membres des conseils-généraux des communes, ou officiers militaires, en présence desquels elles auront été faites.

X V I.

Toute revue qui ne seroit pas revêtue des formalités prescrites par le présent décret, ne pourra être admise comme pièce comptable.

X V I I.

Dans le cas de négligence de la part des commissaires des guerres, pour passer les revues partielles dans les délais et formes prescrits, les administrateurs des charrois demeurent autorisés à requérir des commissaires-ordonnateurs près les armées, qu'ils nomment provisoirement, et aux frais des commissaires des guerres délinquans, une personne pour faire lesdites revues. Les commissaires - ordonnateurs seront tenus d'obtempérer, sans délai, à leurs réquisitions.

XVIII.

Les commissaires des guerres seront tenus de réformer, lors des revues, les chevaux qui ne seroient pas propres au service; ils en feront mention sur le procès-verbal, ainsi que des motifs de la réforme.

XIX.

La solde des chevaux réformés cessera du jour ou la réforme aura lieu.

XX.

Ils cesseront d'être nourris au compte de la république, huitaine après le jour de la réforme.

XXI.

Tout commissaire des guerres sera tenu, trois jours au plus tard, après qu'il aura passé une revue, d'en transmettre une expédition au commissaire-ordonnateur de l'armée, et une à l'administration des charrois.

XXII.

Les commissaires-ordonnateurs des armées feront former, à la fin de chaque trimestre, une revue générale de toutes les revues partielles; et, huit jours après le trimestre révolu, ils en enverront une expédition au ministre de la guerre, une au commissaire-ordonnateur de la dix-septième division à Paris, une aux administrateurs des charrois, et une à l'administration des vivres.

XXIII.

Dans le cas de négligence de la part des commissaires-ordonnateurs près les armées, pour former lesdites revues générales, et pour en faire l'envoi dans les délais prescrits, les administrateurs des charrois seront tenus de requérir le ministre de la guerre d'envoyer près les armées, aux frais des commissaires-ordonnateurs en retard, un commissaire pour former les revues générales et en faire l'envoi. Le ministre obtempérera sans délai à leur réquisition.

XXIV.

Le commissaire-ordonnateur de la dix-septième division à Paris, formera une revue générale de toutes les revues qui lui auront été adressées par les commissaires-ordonnateurs près les armées.

XXV.

Cette revue portera décompte de la solde des chevaux ou mulets, d'après le prix fixé par le décret du 25 juillet dernier, ainsi que des rations de pain dues à l'administration.

XXVI.

Avant le 20 du mois qui suivra immédiatement chaque trimestre, le commissaire-ordonnateur de la dix-septième division à Paris, transmettra une expédition de la revue générale qu'il aura formée, au ministre de la guerre, une à l'administration des charrois, et une à la trésorerie nationale.

XXVII.

Les commissaires-ordonnateurs près les armées enverront au commissaire-ordonnateur de la dix-septième division à Paris, et celui-ci transmettra à la trésorerie nationale, avec les revues générales, les revues partielles sur lesquelles elles auront été formées.

XXVIII.

Les commissaires des guerres, les commissaires - ordonnateurs des armées, et le commissaire-ordonnateur de la dix-septième division à Paris, feront respectivement charger sur les registres des bureaux des postes les envois qu'ils feront des expéditions de leurs revues.

XXIX.

Ils seront respectivement tenus d'en requérir les accusés de réception, et si, après deux réquisitions, ils ne les obtiennent pas, ils en donneront avis au ministre de la guerre.

XXX.

Ils feront également charger au bureau des postes leurs réquisitions, afin d'obtenir des accusés de reception, ainsi que les avis qu'ils pourront donner au ministre, pour l'instruire des retards qu'ils éprouveroient.

XXXI.

Tout commissaire des guerres, ou commissaire - ordonnateur qui ne pourra pas justifier de l'envoi des expéditions de ces revues dans les délais prescrits, ainsi que de ses diligences pour obtenir des accusés de réception, sera puni par une retenue de 200 liv., laquelle sera faite sur le premier quartier de son traitement. En cas de récidive, il sera destitué et puni d'un an de prison.

XXXII.

Toutes les revues, soit partielles, soit générales, les états de mouvemens, les états de fourrages et tous autres états nécessaires la comptabilité, seront rédigés sur des tableaux uniformes et imprimés, dont le modèle sera arrêté par le comité de surveillance sur les subsistances, habillemens et charrois militaires.

XXXIII.

Les modèles des différens registres des agens de l'administration seront aussi arrêtés par ledit comité.

TITRE IV.

Des dispositions générales.

ARTICLE PREMIER.

Les inspecteurs nommés par la convention nationale près les armées, pour surveiller le service des charrois, arrêteront, au moins une fois par mois, tous les registres des préposés de l'administration aux armées.

II.

Dans les places, quartiers et cantonnemens, ces registres seront arrêtés de même par les commissaires des guerres, concurremment avec les membres du conseil-général de la commune.

III.

Tout agent de la république chargé de surveiller les charrois, ainsi que tout régisseur ou entrepreneur, qui seront convaincus de collusion, seront punis de mort.

IV.

Les comptes de tous les trimestres devront être arrêtés avant l'expiration du trimestre suivant; les administrateurs seront tenus, en cas de négligence des préposés à l'apurement desdits comptes, de les constituer en retard par une sommation, à peine d'une amende de dix sous par chaque cheval, dont la solde fera partie dudit compte, laquelle sera déduite sur le paiement définitif du premier trimestre.

V.

Les articles 7, 9, 10, 11, 12, 13, 17, 18 et 19 du titre Ier, les titres 2 et 3 dans leur entier, et les articles 1, 2, 3 et 4, du titre 4, seront communs aux entrepreneurs des charrois de

l'artillerie,

l'artillerie, dont les marchés ont été conservés par l'article 19 du décret de la convention nationale, du 25 juillet dernier.

Visé par l'inspecteur du bureau des procès-verbaux
Signé, S. E Monnel.

Collationné à l'original, par nous président et secrétaires de la convention nationale. A Paris, le août 1793, *l'an second de la république française. Signé*, Hérault, *président*; Léonard-Bourdon, P. J. Audouin et Thirion, *secrétaires.*

DÉCRET

Du 23 Septembre 1793, l'an second de la République française une et indivisible.

Qui prescrit le signe dont seront marqués les chevaux de réforme.

La Convention nationale, ouï le rapport de son comité de surveillance, sur les vivres, habillemens et charrois militaires, décrète :

Article premier.

Les chevaux de différens services des charrois des armées, réformés lors de la revue générale qui a dû être faite, en exécution du Décret du 25 juillet dernier, relatif à la réorganisation desdits services, seront, sans délai, marqués d'une incision longitudinaire, depuis le bout de l'oreille jusqu'à sa naissance.

II.

Il en sera usé de même pour tous les chevaux qui seront réformés à l'avenir.

Visé par l'inspecteur des procès-verbaux Signé *Blaux*.

Collationné à l'original, par nous président et secrétaires de la convention nationale. A Paris, le 25 septembre 1793, l'an deuxième de la République française, une et indivisible.

Signé *Cambon (fils aîné)*, président; *G. Sagal*, *et Pons de Verdun*, secrétaires.

DÉCRET

Du 23e jour du 1er. mois de l'an 2e. de la République Française une et indivisible.

Qui détermine le poids et le nombre des rations de fourrage destinées à la nourriture des Chevaux des différentes armes, pendant la durée de la guerre.

La Convention nationale, après avoir entendu le rapport fait au nom des comités de la guerre et de surveillance des subsistances militaires, décrète ce qui suit :

Article premier.

A dater du jour de la publication du présent décret, les rations de fourrage destinées à la nourriture des chevaux des différentes armes et différens services des armées, seront réduites et composées ainsi qu'il suit, pour tout le tems de la guerre.

SAVOIR :

Composition des rations d'après la loi du 7 mai 1793

Pour les chevaux de la cavalerie des canonniers à cheval et des dragons, des officiers des états-majors civils et militaires des armées à la guerre.

Foin.	Avoine.		Foin.	Avoine.
18 l.	$\frac{3}{4}$	Ration....................	15 l.	$\frac{1}{2}$ b au
15.	$\frac{2}{4}$	Pour les mêmes en garnison dans l'intérieur, ration de...	12.	$\frac{1}{2}$
15 l.	$\frac{2}{3}$	Pour ceux des hussards, chasseurs volontaires à cheval, officiers d'états-majors des corps d'infanterie, et sans troupe, à la guerre ou en quartier, Ration de................	15 l.	$\frac{1}{2}$
20	1 b au	Pour ceux des équipages de la grosse artillerie et de l'artillerie volante, des vivres, de l'ambulance, et pour les chevaux des charrois des armées à la guerre. Ration de................	18	$\frac{2}{3}$
18.	$\frac{2}{3}$	Pour les mêmes en garnison, Ration de................	16	$\frac{1}{3}$

II.

En conséquence de cette disposition, les rations de fourrages attribuées aux différens grades par les loix des 21 février et 27 avril 1792, seront délivrées ainsi qu'il suit :

SAVOIR :

Loi du 7 mai 1793.	*Troupes à pied.*	Nombre des rations attribuées.
2.	Sous-lieutenans, lieutenans et capitaines,	1.
3.	Chefs de bataillons,	2.
4.	Chefs de brigade,	3.

Artillerie, Génie, Troupes à cheval.

2.	Sous-lieutenans, lieutenans,	2.
3.	Capitaines,	3.
4.	Chefs d'escadrons,	3.
6.	Chefs de brigade,	4.

Les officiers de l'état-major des armées, et les aides-de-camp, recevront le même nombre de rations que les officiers de troupes à cheval, à raison du grade auquel il correspond.

Loi du 7 mai 1793.	*Officiers généraux.*	
10.	Généraux de brigade,	6.
12.	Généraux de division,	8.
16.	Généraux en chef,	12.

Officiers civils des Administrations à la suite des Armées.

Commissaires des guerres.

Composition des rations d'après la loi du 4 septembre 1792.		
	Commissaires ordonnateurs en chef,	3.
	Commissaires-ordonnateurs,	2.
	Commissaires ordinaires des guerres,	1.

Hôpitaux Ambulans.

3. Régisseurs, 2.

Directeurs principaux, gardes-magasins-généraux, directeurs particuliers
1. d'ambulance, 1.

Officiers de Santé.

Premiers médecins, chirurgiens
2. consultans, chirurgiens-majors, apo- 2.
thicaires en chef,

Médecins ordinaires, chirurgiens,
1. apothicaires, aide-majors seulement, 1.

Subsistances militaires.

Administrateurs, régisseurs, 2.

Inspecteurs de tout grade, ou ceux qui en ont les fonctions, et chefs de bureaux, 1.

Charrois militaires.

Régisseurs, 2.

Inspecteurs, 2.

Officiers conducteurs, de tout grade, 1.

I I I.

La délivrance des rations fixées par l'article II ci-dessus, n'aura d'effet qu'au premier jour du troisième mois de l'an second de la république française; jusqu'à cette époque, elle continuera d'avoir lieu, conformément à la loi du 7 mai dernier.

I V.

Au moyen des réductions ci-dessus, les équipages des officiers sur qui elles frappent seront transportés aux frais de la république. Le poids du porte-manteau de chaque officier d'un grade inférieur à celui de général de brigade, ne pourra excéder 50 livres; celui de général de brigade, 60 livres; celui de général de division, 70 livres; et celui de général en chef, 100 livres.

V.

Dans le cas des pénuries des fourrages en campagne, le ministre de la guerre et les généraux en chef pourront, soit réduire le poids des rations qui vient d'être fixé, soit substituer une denrée à une autre, en faisant compensation. La paille qu'on donneroit en remplacement du foin, seroit délivrée en quantité double de cette dernière denrée.

V I.

Dans le cas particulier de la disette des avoines, le ministre de la guerre et les généraux en chef sont autorisés à faire donner du son aux chevaux.

V I I.

Il ne pourra toutefois en être délivré qu'une

fois par semaine, et dans la proportion d'un boisseau et demi pour un boisseau d'avoine.

VIII.

Les rations que la présente loi accorde, ne seront cependant délivrées que pour les chevaux dont l'existence sera constatée par des revues faites dans les formes prescrites.

IX.

Les commissaires-ordonnateurs en chef des armées seront tenus sous leur responsabilité, et à peine de destitution, de faire procéder, au moins tous les quinze jours, et immédiatement à la suite de chaque action, autant que faire se pourra, à ces revues, et d'en adresser sans délai le procès-verbal au ministre de la guerre, à l'administrateur ou au régisseur général des fourrages de l'armée, et aux quartiers-maîtres de chaque corps.

X.

Les quartiers-maîtres des différens corps de troupes seront tenus, à peine de destitution et d'être poursuivis comme prévaricateurs et punis de six années de fers, d'énoncer dans leurs bons de distribution, la quantité des rations à délivrer d'après la loi.

XI.

Il ne sera délivré aucune ration de fourrage aux différens corps de troupes, que sur un bon du trésorier, et visé par le commandant de chaque corps.

XII.

Le commandant d'une troupe en cantonnement ou en détachement, signera seul le bon de fourrages.

XIII.

Il ne sera délivré des fourrages aux différens officiers des états-majors des armées, sur leurs bons particuliers, que d'après un état arrêté par le chef, visé par le commissaire-ordonnateur en chef, et dont expédition sera remise à l'administrateur ou au régisseur-général des subsistances militaires.

XIV.

Les différens équipages des armées ne recevront plus de fourrages que sur un état général, signé par un chef principal, et visé par le commissaire des guerres chargé de leur police, ou par l'ordonnateur en chef de l'armée, ou par un commissaire-inspecteur.

XV.

Le chef d'un équipage en détachement, signera seul le bon de fourrages.

XVI.

Les employés des différentes administrations des armées qui ont droit à des rations de fourrages, ainsi que les officiers de santé, ne pourront en recevoir que d'après un état général arrêté et signé par chaque chef d'administration, visé par l'ordonnateur ou par le commissaire des guerres chargé de la police desdites administrations.

XVII.

Tout préposé des subsistances militaires qui se permettroit de delivrer des fourrages, en contravention des articles ci-dessus, seroit destitué et puni de dix années de fers. Tout quartier-maître ou commandant civil ou militaire qui, dans un bon de distribution, annonceroit un nombre de rations à délivrer plus considérable que celui des chevaux réellement existans, seroit puni de la même peine.

XVIII.

Nul officier ne pourra faire prendre de fourrages, s'il n'a pas de chevaux; nul ne pourra exiger des rations au-delà du nombre de celles qui lui sont attribuées par la loi, à peine de destitution.

XIX.

Il est expressément interdit à tous préposés des fourrages, de distribuer à tous officiers civils ou militaires, des rations au-delà de ce qui leur est accordé par la présente loi, même à charge de remboursement.

XX.

Les rations seront distribuées tous les quatre jours, et d'avance; tous ceux à qui elles seront dues, seront tenus de les faire prendre dans les magasins militaires, les jours indiqués pour les distributions.

Les distributions arriérées ne pourront être exigées, soit en nature, soit en argent, à quelque titre et sous quelque prétexte que ce soit.

XXI.

Les décomptes à faire aux officiers des différentes armées pour les rations de fourrages non consommées, seront arrêtés à l'époque du premier jour du troisième mois de l'an second de la république française, et remboursés à raison d'un sou par livre de foin, et de vingt sous le boisseau d'avoine, conformément à la loi du sept mai dernier.

XXII.

A partir de cette époque, les décomptes ou remboursemens de fourrages non consommés, n'auront plus lieu; mais il sera payé à la fin de chaque mois, pour indemnité, par le trésorier de chaque corps, en remplacement des rations supprimées, aux différens officiers sur qui frappent les suppressions, la somme ci-après.

SAVOIR:

Pour l'infanterie.

Aux sous-lieutenans, lieutenans, capitaines, chefs de bataillons et chefs de brigades, 20 livres.

Pour les troupes à cheval, l'Artillerie et le Génie.

Aux chefs d'escadrons, 20 livres.
Aux chefs de brigades, 40 livres.

Pour les Officiers des États-majors des Armées.

Aux aides-de-camp et commissaires des guerres, 20 livres par chaque ration supprimée, à laquelle ils avoient droit en vertu de la loi du 7 Mai dernier.

Pour les Officiers-généraux.

Aux généraux de brigade, généraux de division et généraux en chef, 90 liv.

Pour les Administrations civiles.

Aux régisseurs en chef des hôpitaux ambulans, 20 liv.

XXIII.

Il est défendu à tout préposé à la distribution des fourrages, d'en faire le remboursement, à peine d'être poursuivi comme prévaricateur, et puni de dix ans de fers.

XXIV.

La loi du 7 mai dernier n'aura plus d'exécution, aussi-tôt que la présente sera en activité.

Visé par l'inspecteur. Signé *S. E. Monnel.*

Collationné à l'original par nous président et secrétaires de la convention nationale. A Paris, le vingt-quatrième jour du premier mois de l'an second de la république française, une et indivisible. Signé, L. J. Charlier, *président;* D. V. Ramel et P. F. Piorry, *secrétaires.*

DÉCRET

Du vingt cinquième jour du premier mois de l'an second de la république française, une et indivisible,

Qui détermine les fonctions des inspecteurs des charrois militaires.

LA convention nationale, ouï le rapport de son comité de surveillance, sur les vivres, habillemens et charrois militaires, décrète :

ARTICLE PREMIER.

Les inspecteurs des charrois militaires sont préposés pour surveiller, aux armées, toutes les opérations de la régie générale des charrois, ainsi que celles des entrepreneurs des taansports d'artillerie. A cet effet, ils sont tenus de parcourir continuellement tous les points occupés par l'armée auprès de laquelle ils seront employés.

II.

Ils tiendront la main à l'exécution des loix rendues sur ces différens services.

III.

Ils s'assureront de la qualité et du bon entretien des chevaux, voitures, harnois et autres objets faisant partie des équipages, ainsi que de la qualité des fourrages.

I V.

Ils réformeront toutes les fournitures défectueuses ou qui ne seroient pas conformes aux marchés, traités ou décrets, tant en chevaux que voitures, harnois et fourrages, après en avoir fait constater, par procès-verbal d'experts, la défectuosité ou la non-conformité.

V.

S'il y a fraude constatée dans la fourniture des objets réformés, ils les feront vendre publiquement, pour le prix en être versé dans la caisse du payeur général de l'armée, qui le passera en recette; ils feront mettre les coupables en état d'arrestation; ils les dénonceront au ministre de la guerre, qui sera tenu de les livrer aux tribunaux.

V I.

S'il y a un dénonciateur connu de la fraude, il sera distrait, à son profit, un quart du prix de la chose vendue.

V I I.

A défaut du remplacement, dans les délais prescrits, des objets réformés, soit par les inspecteurs, soit par les commissaires des guerres, lesdits inspecteurs en dresseront procès-verbal, et l'adresseront aux représentans du peuple près les armées, et au ministre de la guerre.

V I I I.

Ils surveilleront les commissaires-ordonnateurs et les commissaires des guerres; ils tiendront la main à ce que ces derniers fassent des revues partielles en personne; en cas de contravention, ils les dénonceront au ministre de la guerre.

I X.

Ils pourront viser les revues, tant partielles que générales; ils sont autorisés à les contrôler par des contre-revues.

X.

Il se feront représenter tous les marchés passés aux armées par la régie générale des charrois et ses agens; dans le cas où ils les trouveroient désavantageux à la république, ils en informeront les représentans du peuple près les armées, et le ministre de la guerre,

X I.

Ils arrêteront, au moins une fois par mois, les registres tenus par les divers employés des différens services, ainsi que ceux des commissaires des guerres et des commissaires-ordonnateurs, en ce qui concerne les charrois; ils feront exécuter les décrets relatifs à la comptabilité.

X I I.

Ils s'assureront de l'exactitude de la correspondance entre les employés de tous les grades,

X I I I.

Ils révoqueront les employés négligens; ils feront mettre en état d'arrestation ceux qui seroient convaincus de prévarication; ils les dénonceront au ministre de la guerre, pour être par lui déféré aux tribunaux. La régie et les entrepreneurs d'artillerie sont tenus de remplacer, sans délai, les employés révoqués ou mis en état d'arrestation.

X I V.

Les inspecteurs tiendront un journal de toutes leurs opérations, sur un registre coté et paraphé par le maire du chef-lieu du district le plus voisin de l'armée.

X V.

Ils dresseront procès-verbal de toutes les contraventions; ils en enverront expédition

au

au ministre de la guerre. Dans le cas où il n'y seroit pas fait droit, ils sont tenus d'en informer le comité de surveillance, sur les vivres, habillemens et charrois militaires.

X V I.

Leur traitement est de quatre mille cinq cents livres par an ; ils recevront en outre une ration de pain, une ration de viande et une ration de fourrages par jour.

X V I I.

Ils sont tenus de se monter à leurs frais ; à cet effet, ils leur sera fait l'avance de la moitié de leur traitement ; cette avance leur sera retenue tous les mois par douzième. Leur cheval doit être en état de soutenir de longues fatigues. Il ne sera admis à la ration qu'après avoir été reçu par un artiste vétérinaire, nommé par le conseil général de la commune du chef-lieu le plus voisin de l'armée auprès de laquelle l'inspecteur sera employé.

X V I I I.

Trois jours après la nomination desdits inspecteurs, le comité de surveillance sur les vivres, habillemens et charrois militaires, fera, à la convention nationale, un rapport pour indiquer les armées auprès desquelles chaque inspecteur sera envoyé.

Visé par l'inspecteur, signé Bouillerot.

Collationné à l'original, pour nous président et secrétaires de la convention nationale. A Paris, le vingt-septième jour du premier mois de l'an second de la république Française, une et indivisible. Signé L. J. Charlier, *président*; D. V. Ramel et Pons (de Verdun), *secrétaires.*

DÉCRET

Du 16 mai 1793, l'an second de la république Française,

Relatif au service des Charrois des Armées de la République.

La Convention nationale, après avoir entendu la lecture de la lettre du Ministre de la Guerre, par laquelle il expose que, dans toutes les Armées de la République, le service des charrois est entravé par la difficulté de se procurer des charretiers ; que depuis long-tems l'administration se plaint de cette difficulté, et se plaint également de la désertion qui les laisse à la merci de l'ennemi, au milieu des champs et des chemins, ce qui fait éprouver des pertes considérables à la république, non-seulement dans les chevaux et voitures, mais encore dans les effets de campement, et sur la proposition d'un membre, decrète ce qui suit :

ARTICLE PREMIER.

Il sera attaché à chaque bataillon et régiment un nombre nécessaire de chevaux de pelotons et de voitures dont les conducteurs et ouvriers seront pris dans le bataillon ou régiment, parmi les citoyens qui sont au fait de ce service, sans que, par ce nouveau service, ils puissent quitter leurs drapeaux et cesser les exercices militaires, lorsque les travaux des charrois leur en laisseront la faculté.

II.

Les conductours et ouvriers seront à la solde des entrepreneurs, du jour qu'ils feront le service des charrois.

La Convention nationale charge le ministre de la guerre de l'exécution du present décret.

Visé par l'inspecteur des procès-verbaux. Signé Delecloy.

Collationné à l'original, par nous président et secretaires de la Convention nationale; à Paris, le 20 mai 1793, l'an deuxième de la république française. Signé *Max. Isnard*, président; *Génissieux* et *Mazuyer*, sécretaires.

EXTRAIT
DU CODE PÉNAL MILITAIRE.

Décrété le 12 mai 1793, l'an deuxième de la République Française.

Relatif aux Charrois Militaires.

Organisation des tribunaux criminels militaires. Extrait des articles qui concernent les Employés des Charrois des Armées.

La Convention nationale considérant qu'il est de l'honneur comme du devoir des vrais républicains qui défendent leur patrie, de chasser de leur rang tous ceux qui tenteroient de corrompre par infidélité, lâcheté ou trahison, la pureté des principes qui les font agir, et voulant donner aux armées de la république des moyens prompts, justes et sévères, de livrer les coupables au glaive de la loi; ouï le rapport de son Comité de la guerre, décrète ce qui suit :

TITRE II.

Fonctions des Officiers de Police de sûreté.

ART. IV.

Dans les cas où les généraux, officiers, sous-officiers ou toutes personnes attachées à l'armée ou à sa suite, négligeroient de maintenir la discipline dans leurs subordonnés, ou de dénoncer un délit commis par eux dont ils auroient connoissance, l'officier de police de sûreté sera tenu de les poursuivre comme complices du délit.

VII.

L'officier de police de sûreté veillera à ce que tout militaire quelconque, ou toute autre personne au service de l'armée ou à sa suite, prévenu d'un délit, soit mis provisoirement en état d'arrestation.

VIII.

Dans le cas où l'arrestation n'auroit pas encore eu lieu au moment de la plainte, il requerra qui de droit en sa qualité d'officier de police de sûreté, pour qu'elle soit faite à l'instant.

TITRE III.

Fonctions de l'Accusateur militaire.

ART. XII.

Si l'accusateur militaire prévariquoit dans ses fonctions, ou s'il se rendoit coupable par défaut de surveillance, tout officier, soldat, volontaire, ou autres citoyens attachés aux armées, pourront le dénoncer dans les formes prescrites par les articles 5 et 6 du titre II.

CODE PÉNAL MILITAIRE,

Décrété le 12 mai 1793, l'an deuxième de la République Française, pour toutes les troupes de la République, en tems de guerre.

La Convention nationale, après avoir entendu le rapport de son comité de la guerre; décrète ce qui suit :

TITRE PREMIER.

Des Délits et des Peines.

SECTION PREMIERE.

De la Désertion.

ARTICLE PREMIER.

Tout militaire, c'est-à-dire, depuis le général d'armée jusqu'au soldat ou volontaire, inclusivement, ou toute autre employé, soit dans les armées, soit à leur suite, qui passera à l'ennemi ou chez les rébelles, sans y être autorisé par ses chefs, sera puni de mort.

I I.

Tout militaire qui désertera avec armes, chevaux et bagages, dans l'intérieur de la république, sera puni de dix années de fers. Et, dans le cas où il seroit convaincu de vol fait à la troupe, de quelque nature qu'il soit, il sera puni de quinze ans de fers.

I I I.

Tout militaire qui désertera dans l'intérieur de la république, sera puni de cinq ans de fers ; et s'il étoit de service, de dix ans.

I V.

Sera réputé déserteur dans l'intérieur de la république, tout militaire qui aura quitté son corps sans congé en bonne forme, ou tout autre employé dans les armées ou à leur suite, qui les abandonneroit sans une permission en forme de ses supérieurs.

V.

Sera aussi réputé déserteur dans l'intérieur, tout citoyen qui, s'étant fait inscrire pour servir dans les troupes de la république, aura reçu une route en frais de conduite, et ne se sera pas rendu à sa destination dans le délai fixé ; dans ce cas il sera puni de cinq ans de fers, à moins qu'il ne justifie d'un empêchement légitime.

Et dans le cas où il se seroit rendu coupable de vol, de violation de domicile ou de personne, il sera puni de quinze ans de fers.

V I.

Sera réputé déserteur à l'ennemi, tout militaire, out tout employé dans les armées, qui aura passé, sans en avoir reçu l'ordre, les limites fixées par le commandant du corps dont il fait partie.

V I I.

Tout citoyen qui se sera fait enregistrer sur le registre d'une section ou d'une municipalité, pour marcher aux armées en remplacement d'un autre citoyen, et qui, après avoir reçu pour ce fait, soit de l'argent, soit son équipement ou habillement, seroit convaincu d'avoir été se faire enregistrer ailleurs pour le même objet, sera puni de cinq ans de fers.

VIII.

Tout chef de complot de désertion à l'ennemi ou chez les rébelles, quand même le complot ne seroit pas exécuté, sera puni de mort ; et, si c'est à l'intérieur, de quinze ans de fers.

X.

Tout complice qui découvrira un complot de désertion, ne pourra être poursuivi ni puni à raison du crime qu'il aura découvert.

XI.

Tout embauchour pour l'étranger ou pour les rébelles, sera puni de mort.

SECTION DEUXIEME.

De la trahison.

ART. I.

Tout militaire ou individu de l'armée, quelque soit son état ou son grade, convaincu de trahison, sera puni de mort.

II.

Sont réputés coupables de trahison les auteurs des délits ci-après détaillés ;

SAVOIR :

Tout individu qui, en préscnee de l'ennemi, sera convaincu de s'être permis des clameurs qui auroient jeté l'épouvante et occasionné le désordre dans les rangs; tout commandant d'un poste, ainsi que la sentinelle qui auroient donné de fausses consignes;

Tout commandant d'une patrouille qui aura caché les découvertes qu'il aura faites;

Tout commandant d'un poste qui cacheroit à celui qui le relève, les découvertes essentielles qu'il auroit faites, soit par lui-même, soit par ses patrouilles, soit par toutes autres personnes relativement à la défense du poste;

Tout militaire convaincu d'avoir communiqué le secret du poste ou le mot d'ordre à quelqu'un qui n'en devroit pas avoir connoissance, tout militaire ou individu de l'armée qui entretiendra une correspondance dans l'armée ennemie, sans la permission, par écrit, de son commandant ou supérieur;

Tout militaire, ou tout autre individu, au service ou à la suite des armées, qui aura encloué ou mis hors de service, sans ordre ou sans motifs légitimes, un canon ou mortier, obusier ou affut.

SECTION TROISIEME.

Du Vol.

ART. III.

Tout employé quelconque dans les administrations des équipages des différens services des armées, qui sera convaincu d'avoir vendu à son profit, ou distrait des fourrages qui lui auront été confiés, sera puni de six ans de fers, et condamné à la restitution du prix du fourrage qu'il aura vendu ou distrait.

IV.

Tout préposé de ces mêmes administrations, qui sera convaincu d'avoir reçu de connivence avec les distributeurs, des fournitures, grains ou fourrages de mauvaise qualité, sera chassé des armées, et puni d'un an de prison.

V.

Tout agent ou employé dans ce genre de service, qui sera convaincu d'avoir fait de faux bons, et contrefait l'écriture de son supérieur, sera puni de cinq années de fers.

VI.

Tout préposé de ces administrations, qui

sera convaincu d'avoir pris ou détourné ce que les voitures porteront soit en pain, avoine, foin, paille ou farine, sera condamné à trois ans de fers, et à la restitution des objets pris ou détournés.

V I I.

Tout préposé de ces administrations qui sera convaincu d'avoir reçu dans les dépôts de l'armée, ou en route, de mauvais fourrages, ou le non-complet des rations, sera condamné à un an de prison, à moins que dans les vingt-quatre heures il en ait averti un de ses supérieurs ou les officiers municipaux du lieu.

V I I I.

Tout préposé de ces administrations, ou conducteur, qui sera convaincu de s'être fait payer plus qu'il n'aura dépensé, soit dans les dépôts, auberges ou en route, sera puni de deux ans de fers.

I X.

Tout préposé de ces administrations, ou conducteur, qui sera convaincu d'avoir retardé le service des charrois, sera puni de six mois de prison, et, si c'est à dessein prémédité, il sera puni de trois ans de fers.

X

Tout distributeur de fourrages et de vivres qui sera convaincu de quelque infidélité dans les distributions dont il est chargé, sera puni de trois ans de fers.

X I.

Tout garde-magasin quelconque, qui sera convaincu d'avoir fait quelque distraction des objets qui lui auront été confiés, sera puni de cinq ans de fers, et condamné à rembourser le montant des objets soustraits ou échangés.

X V.

Tout militaire ou tout autre individu au service ou à la suite de l'armée, qui sera convaincu d'avoir volé, soit de la poudre, soit des boulets, soit toutes autres munitions ou effets d'artillerie, dans les parcs, magasins, dépôts ou convois, sera puni de trois ans de fers.

X V I.

Tout militaire ou tout autre individu attaché à l'armée, qui sera convaincu d'avoir volé les personnes chez lesquelles il auroit logé sera puni de dix ans de fers.

X V I I.

Tout militaire ou tout autre individu attaché à l'armée, qui sera convaincu d'avoir pris par fraude et sans payer, à boire ou à manger chez un habitant soit en route soit en garnison ou cantonnement, sera puni de trois mois de prison, de six mois, si le délit a été accompagné de menaces, et de deux ans de fers s'il y a eu voie de fait.

XVIII.

Tout militaire ou tout autre individu de l'armée qui sera convaincu d'avoir attenté en quelque lieu que ce soit à la sûreté ou à la liberté des citoyens sera puni de six mois de prison, et, s'il y a vol ou voie de fait, la peine sera de deux ans de fers; et en cas d'assassinat il sera puni de mort.

SECTION QUATRIEME.

De l'insubordination

Article IX.

Tout militaire convaincu d'avoir insulté une sentinelle, de propos ou de geste, la peine pour le simple soldat sera de deux ans de prison pour le sous-officier, de quatre ans, pour l'officier, de six ans : et, s'il y a voie de fait, le coupable sera puni de mort.

X.

Tout militaire qui sera convaincu de ne s'être pas conformé aux ordres de son supérieur, relatifs au service, sera destitué, mis pour un an en prison et déclaré incapable de servir dans les armées de la république; et, si c'est dans une affaire en présence de l'ennemi, il sera puni de mort.

X I.

Tout militaire convaincu d'avoir menacé son supérieur de parole ou de geste, sera puni de deux ans de prison, destitué et déclaré incapable de servir dans les armées de la république, et, s'il y avoit voie de fait, puni de mort.

X I I I.

S'il y a révolte contre les supérieurs, la peine de la désobéissance combinée est, à l'égard de ceux qui l'ont suscitée, d'être punis de mort, et ceux qui l'ont partagée, d'être condamnés à dix ans de fers.

X I V.

En cas d'attroupemens, les supérieurs commanderont que l'on se sépare et que chacun se retire, et s'ils ne sont pas sur le champ obéis, ils nommeront les auteurs de l'attroupement, et si les désignés ne rentrent pas aussi-tôt dans le devoir, ils seront dès-lors regardés comme chefs de révolte et punis de mort.

X V.

Si le rassemblement n'est pas dissous par le commandement fait au nom de la loi, les supérieurs sont autorisés à employer tous les moyens de force qu'ils jugeront nécessaires, sans préjudice de la peine portée dans l'article précédent, qui, dans ce cas, tombera sur tous les révoltés.

X V I.

Tout complice d'un délit subira la même peine que celui qui l'aura commis.

X X V.

Tous les cas non prévus dans le présent code, et qui rentreront dans la loi du 21 septembre 1791, sur la discipline ordinaire, seront jugés conformément à cette loi.

X X V I.

Quant à ce qui n'est pas prévu, soit dans le présent code, soit dans la loi sur la discipline militaire, le général d'armée en autorité y suppléera provisoirement par des réglemens particuliers, qui seront adressés sans délai au corps législatif, sans qu'il puisse y être porté peine de mort.

SECTION

SECTION CINQUIEME.

De la publication du présent code.

ARTICLE V.

Les commissaires des guerres sont chargés de faire connoître le présent code à tous les individus employés aux armées ou à leur suite.

DÉCRET

Du vingt-neuvième jour du premier mois de l'an second de la République Française, une et indivisible.

Qui nomme aux places d'inspecteurs généraux près les armées de la République.

La convention nationale, sur le rapport de son comité de surveillance des subsistances, habillemens, équipemens, et charrois militaires, après avoir entendu la lecture des listes des candidats et suppléans qui lui est présentée, en adoptant ces listes, décrete que les personnes y désignées sont définitivement nommées aux places d'inspecteurs généraux près les armées de la république, pour en exercer les fonctions, conformément au décret du quinzième jour de ce mois.

Liste des citoyens nommés pour remplir les places d'inspecteurs généraux des charrois de l'armée, et de l'artillerie.

1er. Jean - Baptiste Roux, de Lunel, département de l'Hérault, père de quiuze enfans, et inspecteur des charrois.

2. Mathieu Vaudessel, négociant, rue neuve Saint-Marc, n°. 8, section de Lepelletier, marié, père d'un enfant en bas-âge; il a passé à la censure du comité révolutionnaire de la section, qui déclare qu'il s'est toujours conduit, depuis qu'il eet dans l'arrondissement, en bon patriote et vrai républicain, qu'il est reconnu pour un bon sans-culotte, dans les bons principes, tant pour son assiduité aux assemblées, que par son exactitude à son service militaire.

3. Louis Cassier d'Elmoru, département de la Marne, commissaire à l'acceptation de la constitution.

4. Lesaint, rue Traversière Saint-Honoré, élu capitaine dans le bataillon de la section de la Montagne, neuvième compagnie, depuis que cette section est régénérée; il est marié, sans enfans, âgé de 42 ans; il étoit dans l'affaire du 10 août; il y a même reçu une contusion; son patriotisme prononcé n'a pas cessé depuis 1789.

5. ABRAN fils, de Paris, conducteur dans les charrois, actuellement à l'armée d'Italie. Il est marié ; il a deux enfans ; il a été commandant de la garde nationale dans le département de la Meurthe.

6 BERGERAT, de Paris, rue Cadet, fauxbourg Montmartre, n°. 4, ci-devant maître d'équitation. Il a été inspecteur des charrois de la compagnie Masson pendant trois mois ; il a formé le dépôt des charrois des armées à Beauvais ; il est marié, et a trois enfans.

7. Thomas RENARD, de Saint-Florentin, département de l'Yonne, homme de loi, âgé d'environ 30 ans ; administrateur du conseil général du département de l'Yonne ; marié avec enfans ; il a fait une campagne à ses frais, comme volontaire à cheval, en 1792 ; il est membre d'une société populaire.

8. Jean-François JEUNESSE, de Chaumont, département de la Haute-Marne, conducteur dans les messageries, ci-devant marchand, marié, âgé de 44 ans.

9. Joseph-Adrien ATRUX, de Paris, section de Mutius Scœvola, âgé de 38 ans, marié, père de quatre enfans, employé depuis 1789 dans les bureaux. Il a fait la commission de Corse et d'Italie, et il y jouit

de toute l'estime de tous les canonniers ses camarades. Il demeure rue du vieux Colombier, n°. 772.

10. LABENETTE, ci-devant orateur du peuple, à présent commis principal du bureau des côtes, troisième division du département de la guerre.

DEBREST, capitaine-commandant de la gendarmerie, à Montluçon, district du même lieu, département de l'Allier, âgé de 46 ans, célibataire, bon patriote, et fils d'un marchand épicier. Il a servi pendant vingt-huit ans dans le corps de la gendarmerie, des fourrages de laquelle il a été chargé seul pendant cinq ou six ans, à Lunéville.

12. Jean-Baptiste GUICHARDET, âgé de 43 ans, marié, père de quatre enfans, ci-devant maire d'Ancy-le-Franc, chef-lieu de canton, district de Tonnerre, département de l'Yonne, membre du comité de surveillance de son canton et commissaire à l'acceptation de la constitution.

13. Jean-François BERTHELOT, âgé de 44 ans, natif de Rennes, département de l'Isle et Vilaine, ancien contrôleur dans la ferme de Bretagne, ensuite négociant et armateur à l'Orient; nommé garde-magasin à l'Isle-

de-France, place dont il n'a pu jouir, parce qu'il étoit trop patriote, et qu'il avoit propagé en cette colonie les principes de notre révolution; depuis nommé sous-directeur des hôpitaux à Perpignan, avec 2800 liv. d'appointemens, qui ne pouvoient lui suffire pour vivre avec une femme et cinq enfans, parce qu'il est honnête homme; raison qui l'a décidé à quitter cette place. Il est membre des sociétés populaires de Paris, de Perpignan, d'Avignon, et de Nantes; il a servi constamment dans la garde nationale depuis la révolution, tant en France que dans l'Inde; il a des connoissances particulières en subsistances, fourrages et chevaux, connoissances qu'il a acquises dans les différens commerces qu'il a fait. Il réside au Bourg l'Égalité, ci-devant la Reine.

14. Pierre-Charles Regnier, de Seyne, dans les basses Alpes, ci-devant visiteur des patentes dans le district de Digne, père de deux enfans, âgé de 46 ans. Il a été contrôleur de la marque des cuirs, et en même tems préposé des entrepreneurs de la voiture des sels de Marseille, et depuis le commencement de la révolution, il a donné des preuves constantes de patriotisme.

15. Dufour, de Paris, rue Saint Sau-

veur, n°. 31. Il a été employé dans les fermes pendant douze ans; il est âgé de 30 ans, et père de quatre enfans; il a servi cinq ans dans les troupes de ligne, et a cinq frères au service de la république.

16. Josse, père de famille, président de la société populaire de Jussienne. Il a servi seize ans dans les armées.

17. Charles Pagnier, maréchal-ferrant et expert, âgé de 46 ans, demeurant rue du Mont-Blanc, n°. 58, section du Mont-Blanc, de Paris, en exercice depuis le 13 juillet 1789, ayant passé par tous les grades dans la garde nationale, et venant d'être renommé commandant en second. Il étoit commissaire en 1792 pour demander la déchéance du tyran, et membre de la municipalité du 10 août; il est électeur de 1792 et membre du comité de la section du Mont-Blanc.

18. Jean Vernier, ancien militaire, ayant quatorze ans de service dans les dragons, dont onze ans de qualité de maréchal-des-logis, plus neuf ans dans les voitures aux environs de Paris, bureau du Pas-de-la-Mule, chargé de la partie des constructions des voitures, des chevaux et des fourrages, âgé de 51 ans, demeurant rue du Pas-de-la-Mule, n°. 5.

19. Brincourt, de Sedan, âgé de 50 ans, ancien directeur de l'hôpital militaire, membre de la société populaire de Sedan, père de quatre enfans, tous au service de la patrie.

20. Noel, de Sainte-Menehould, département de la Marne, huissier, âgé d'environ 40 ans, marié, père de quatre enfans, bon patriote, demeurant à Saint-Denis, rue de la Boulangerie.

21. Vincent-Mathieu Ducoudray, natif de la Tremoille, district de Montmorillon, département de la Vienne, père de famille, âgé de 37 ans, actuellement hôtel du Berry, rue de la Harpe. Il a donné des preuves du plus pur civisme depuis le commencement de la révolution; il a fourni des notes importantes sur les abus de l'administration.

22. Vautier, capitaine général des douanes au département des Hautes-Pyrenées, père de cinq enfans, excellent patriote, ayant servi huit à neuf ans, de Fierrefitte, district du Gave.

Liste des citoyens nommés suppléans des inspecteurs généraux des charrois des armées et de l'artillerie.

1. François-Laurent-Sylvestre Hébert, du département de l'Orne, marié, âgé de 34 ans, inspecteur des charrois militaires.

2. Richard, adjudant des charrois à Chantilly, âgé de 45 ans, père de sept enfans.

3. Casimire Edeline, de Cambrai, à présent à Paris, hôtel de Bordeaux, rue de Chartres, fondateur de plusieurs sociétés populaires dans le pays Liégeois, âgé de 41 ans, père de famille; sa femme et ses enfans sont au pouvoir de l'ennemi.

4. Gueignard, ancien commis de la trésorerie du district d'Arcis-sur-Aube, département de l'Aube, père de famille, âgé d'environ 33 ans, remplissant actuellement les fonctions de secrétaire du district d'Arcis, patriote intelligent, et digne, sous tous les rapports, de remplir cette place.

5. Guillemot, greffier de la municipalité d'Ormes, district d'Arcis, département de l'Aube, père de famille, âgé de 30 à 32 ans.

6. Adrien Hébert, natif d'Honfleur, département du Calvados, ancien capitaine de navire, depuis secrétaire de la commission des hôpitaux de Paris, actuellement à Rochefort, pour aller aux Isles du vent essayer de recueillir les débris de sa fortune, et de réparer les pertes immenses qu'il a faites dans la révolution; âgé de 37 ans, marié, père de quatre enfans.

Visé par l'inspecteur des procès verbaux.
Signé Bouillerot.

Collationé à l'original, par nous présiden et secrétaires de la Convention nationale. A Paris, le premier jour du deuxième mois de l'an second de la République française, une et indivisible. *signé* L. Y. Charlier, *président*; Pons (de Verdun) et Louis (du Bas-Rhin), *secrétaires.*

DÉCRET

Du onzième jour du deuxième mois de l'an deuxième de la République française, une et indivisible.

Relatif aux fonctions des Inspecteurs des Charrois nommés par décret du 29 du mois dernier.

LA Convention nationale, ouï le rapport de son comité de surveillance sur les vivres, habillement et charrois militaires, décrète :

ARTICLE PREMIER.

Ledit comité transmettra au ministre de la guerre la liste des citoyens qui auront accepté la place d'inspecteur-général des charrois des armées, à laquelle ils ont été nommés par décret du vingt-neuvième jour du mois dernier.

II.

Aussitôt après la réception de cette liste, le ministre de la guerre adressera à chacun des citoyens y dénommés,

1°. Expédition dudit décret du vingt-neuvième jour du mois dernier et du présent, lesquelles leur tiendront lieu de commission;

2°. Son ordonnance à leur profit de 2,250 ₶ payable, savoir : pour ceux qui sont actuel lement à Paris, par la trésorerie nationale, et pour ceux qui résident actuellement ailleurs, par le payeur-général du département dans lequels ils résident ;

3°. Un exemplaire du décret du 25 juillet dernier (vieux style) portant création de la régie générale des charrois ;

4°. Un exemplaire des marchés de chacune des compagnies supprimées et remplacées par ladite régie ;

5. Un exemplaire des marchés de chacun des entrepreneurs d'artillerie, conservés par décret du 25 juillet dernier (vieux style).

6°. Un exemplaire de chacune des loix relatives aux services des charrois de l'armée et des transports d'artillerie, et notamment de celle du 19 août dernier (vieux style) sur la comptabilité desdits services.

III.

Aussitôt après la réception de ces pièces, chacun desdits inspecteurs se rendra à l'armée qui va lui être indiquée, pour y exercer ses fonctions, en conformité de la loi du vingt-cinquième jour du mois dernier.

IV.

En exécution de l'article précédent :

Les citoyens Jean-Baptiste Roux, *de Lu-*

nel, et Labenette, *de Paris*, se rendront à l'armée du Nord.

Les citoyens Vautier, *de Pierréfite*, département des Hautes-Pyrénées, et Pierre-Charles Regnier, *de Seine*, se rendront à l'armée des Pyrénées-Occidentales.

Les citoyens Jean-Baptiste Guichardet, *d'Ancy-le-franc*, et Noël, *de Sainte-Ménéhould*, se rendront à l'armée des Alpes.

Les citoyens Vincent-Mathieu Ducoudray, *de la Trimouille*, et Josse, *de Besançon*, se rendront à l'armée du Rhin.

Les citoyens Mathieu Vandessel, *de Paris*, et Richard, *de Chantilly*, se rendront à l'armée des Pyrénées-Orientales.

Les citoyens Cassier, *d'Elmoru*, et Dufour, *de Paris*, se rendront à l'armée des côtes de la Rochelle.

Les citoyens Jean-François Jeunesse, *de Chaumont*, et Thomas Renard, *de Saint-Florentin*, se rendront à l'armée d'Italie.

Les citoyens Joseph-Adrien Atrux, *de Paris*, et Brincourte *de Sédan*, se rendront à l'armée de la Mozelle.

Les citoyens Jean-François Berthelot, *de Rennes*, et Abran fils, *de Paris*, se rendront à l'armée des Ardennes.

Les citoyens Lesaint, *de Paris*, et Bergerat, *de Paris*, se rendront à l'armée des côtes de Brest.

Les citoyens Desbrest, *de Montluçon*, et François-Laurent Sylvestre Hébert, se rendront à l'armée des côtes de Cherbourg.

V.

Le ministre de la guerre est tenu d'envoyer aux inspecteurs-généraux des charrois de l'armée, toutes les loix qui pourront être rendues à l'avenir, relativement aux différens services desdits charrois et des transports d'artillerie.

V I.

Tous les trois mois un des deux inspecteurs-généraux des charrois attachés à chacune des armées de la république, sera envoyé dans une autre armée pour y exercer ses fonctions. Chacun d'eux subira ce changement alternativement, de manière que le même inspecteur ne puisse pas demeurer plus de six mois dans la même armée. Le comité de surveillance sur les vivres, habillement et charrois militaires, fera un rapport à cet effet à la convention nationale.

V I I.

Il leur est défendu, sous peine de destitution, de donner ni de recevoir aucun repas, soit des régisseurs des charrois des armées, soit des entrepreneurs des transports d'artillerie, soit des membres de l'administration des subsistances, soit de leurs fournisseurs et agens, non plus que des commissaires-ordonnateurs et des commissaires des guerres. Ils doivent s'abstenir, sous la même peine, de toute sollicitation d'emploi pour leurs parens ou amis, et de toute espèce de négociation envers aucuns des individus ci-dessus designés.

VIII.

Durant, ni après l'exercice de leur place, ils ne pourront être nommé à aucun emploi à la disposition de la régie des charrois ou des entrepreneurs des transports d'artillerie.

IX.

Il leur est loisible de choisir dans les dépôts de la république, le cheval dont ils doivent se fournir, en en payant le prix sur l'estimation. Ils pourront aussi l'acheter dans tel autre endroit qu'ils croiront convenable.

Dans l'un ou l'autre cas, la réception du cheval sera faite par un commissaire délégué par le conseil-général de la commune du chef-lieu du district dans l'arrondissement duquel il aura été acheté; en conséquence la disposition de l'article XVII du décret du 25 du mois dernier, relative à la réception des chevaux desdits inspecteurs, est rapportée. Le commissaire préposé à cette réception ne pourra être choisi parmi les employés de la régie générale des charrois, ni parmi ceux des entrepreneurs des transports d'artillerie.

X.

Les inspecteurs-généraux des charrois militaires porteront un uniforme semblable à celui des commissaires des guerres, avec boutons jaunes, au milieu desquels sera gravé un bonnet de la liberté, et en exergue ces mots : *Inspecteurs-généraux des charrois.*

X I.

Il leur sera payé 2# 10s par poste, en indemnité de leurs frais de route, pour se rendre à l'armée.

X I I.

Les deux inspecteurs-généraux des charrois, préposés auprès de chaque armée, sont tenus de se réunir pour toutes leurs opérations. Ils n'auront qu'un même journal, dont toutes les pages seront signées par chacun d'eux, ainsi que leur procès-verbaux, et les expéditions d'iceux.

En cas de maladie, ils seront remplacés provisoirement par un commissaire choisi par l'administration de district, et hors de son sein.

XIII.

Les citoyens nommés inspecteurs-généraux des charrois de l'armée, qui n'auroient pas fait parvenir, au premier du mois prochain, leur acceptation de cette place, au comité de surveillance sur les vivres, habillement et charrois militaires, seront censés refusans, et remplacés par leurs suppléans.

Visé par l'Inspecteur. Signé BOUILLEROT.

Collationné à l'original par nous président et secrétaires de la Convention. A Paris, le quatorzième jour du deuxième mois de l'an 2e de la République une et indivisible.

Signé, THURIOT, ex-président; FOURCROY; DUVAL, secrétaires.

DÉCRET

Du vingt septième jour du premier mois de l'an second de la république française, une et indivisible;

Qui fixe le minimum *des chevaux en réquisition, par canton.*

LA Convention nationale, après avoir entendu son comité de surveillance, des vivres, habillemens et charrois des armées, décrète:

ARTICLE PREMIER.

Conformément à son décret du dix-septième de ce mois, la Convention fixe le *minimum* de chevaux en réquisition, à huit par Canton, dont deux propres au service des charrois.

II.

Il sera levé deux chevaux par chaque Canton de la République, pour le service de l'artillerie, au-delà du *minimum* fixé par l'article II du décret du dix-septième jour du premier mois de cette année.

Les comités de la guerre et de surveillance des vivres, habillemens et charrois, présenteront incessamment le mode d'exécution du présent article.

Visé par l'inspecteur. Signé *Bouillerot.*

Collationné à l'original par nous président et secrétaires de la convention nationale. A Paris, le vingt-neuvième jour du premier mois de l'an second de la république française, une et indivisible. Signé, L. J. Charlier, *président*; Vouland et Cr. Jagot, *secrétaires.*

LOI,

Relative à la fourniture des chevaux, voitures et charriots pour le service det armées.

Du 2 septembre 1792, l'an quatriéme de la liberté.

L'Assemblée Nationale, aprés avoir entendu le rapport de ses comités d'agriculture et militaire réunis, et voulant promptement déterminer le mode d'exécution des décrets rendus les 28 et 29 du mois dernier, en ce qui est relatif à la fourniture des chevaux, voitures et charriots, décrète qu'il y a urgence.

L'Assemblée nationale, aprés avoir décrété l'urgence, décrète ce qui suit:

ARTICLE PREMIER.

Tout citoyen habitant la ville ou la campagne déclarera à sa municipalité ou à sa section, sous quatre jours, à compter de la publication du présent décret, le nombre, l'espèce et l'usage habituel des chevaux et mulets qui lui appartiennent ; il en sera dressé un état par colonne, qui sera envoyé sur le champ au district, et par les districts, au pouvoir exécutif et aux départemens.

II.

Lorsque les circonstances l'exigeront, le pouvoir exécutif donnera les ordres nécessaires afin que les citoyens qui n'ont des chevaux ou mulets que pour leur agrément ou leur commodité, ayent à fournir le contingent qui leur sera prescrit par les municipalités, d'après la répartition qui aura été faite par les corps administratifs pour chacune d'elles. Sont exceptés de cette disposition les chevaux employés au commerce, à l'agriculture ou à l'exercice d'uue profession utile.

III.

Les départemens et districts pourront également, lorsque les circonstances l'exigeront, requérir dans leurs arrondissemens respectifs, le nombre de chevaux, voitures ou mulets qui sera nécessaire à la chose publique, d'après les mêmes principes que ceux établis par l'article précédent.

I V.

Les prix des loyers, chevaux, mulets et voitures, seront acquittés à la fin de chaque course, convoi ou semaine. Le pouvoir exécutif déterminera le mode le plus propre à accélérer le payement le moins embarassant pour la comptabilité.

V.

Les prix des loyers, des chevaux, voitures et des indemnités en cas de perte desdits chevaux et voitures, seront déterminés d'après le mode prescrit par les articles III et IV du décret du 26 avril dernier, auxquels l'assemblée nationale ne déroge en rien pour tout ce qui, jusqu'à ce jour, n'auroit été applicable qu'aux départemens frontières.

V I.

Le décret du 26 avril dernier, cité dans l'article précédent, sera réimprimé sur le champ et envoyé par le pouvoir exécutif en même-temps que le présent décret.

LOI,

Relative au transport des convois militaires.

Donnée à Paris, le 29 avril 1792, l'an quatrième de la liberté.

DÉCRET de l'assemblée nationale, du 26 avril 1792, l'an quatrième de la liberté.

L'ASSEMBLÉE Nationale, considérant que toutes les dispositions relatives aux préparatifs de la guerre ne peuvent éprouver aucun retard, décrète qu'il y a urgence.

L'assemblée nationale, après avoir décrété l'urgence, décrète ce qui suit :

ARTICLE PREMIER.

Les corps administratifs des départemens frontières et de ceux qui se trouveront à la proximité des armées, nommeront dans la huitaine de la publication du présent décret, des commissaires pour constater, en présence d'un officier municipal, le nombre des bêtes de somme ou de trait, des charriots et charrettes existant chez chaque particulier.

I.

Sur le rapport desdits commissaires, il sera dressé par les directoires de départemens, un tableau contenant, sous plusieurs colonnes, les noms de chaque municipalité, ceux de chaque particulier ayant des bêtes de trait ou de somme, le nombre total de ce qu'il en aura, et la part contributive qu'il fournira, lorsqu'il en sera requis.

I I I.

Les directoires de département détermineront définitivement, d'après les observations des municipalités, et sur l'avis des districts, le prix à accorder pour le loyer des chevaux et voitures ; le double de ces tableaux er tarifs sera adressé au ministre de la guerre.

I V.

Les voitures seront fournies sur les réquisitions des commissaires - ordonnateurs, d'après les ordres des directoires de districts, qui en rendront compte aussitôt aux directoires de département.

V.

Les loyers des voitures et chevaux seront

acquittés à la fin de chaque convoi, d'après les ordres des commissaires-ordonnateurs ; et, indépendamment du prix desdits loyers, les fourrages et le pain seront fournis sans aucune retenue, et sur le même pied qu'aux troupes.

VI.

Les propriétaires qui auroient perdu des chevaux ou voitures seront indemnisés. Le montant de leur indemnité sera déterminé par les corps administratifs, sur le certificat du chef du convoi, et d'après l'estimation qui en sera faite par la municipalité du lieu du domicile du propriétaire.

VII.

Les particuliers seront tenus de donner, aussitôt qu'ils en seront requis, à la municipalité du lieu de leur domicile, la déclaration des pailles et fourrages qu'ils auront en totalité, et celle qu'ils pourront vendre, desquelles déclarations les municipalités dresseront un état qu'elles enverront aux directoires de district, et les directoires de district aux départemens ; et ceux-ci en rendront compte aussitôt au pouvoir exécutif.

EXTRAIT du réglement des troupes, présenté à l'Assemblée Nationale, en exécution de la Loi du 12 octobre 1791.

Les sous-officiers, les soldats, les charretiers des équipages, attachés au service de l'armée, et les autres employés dont le logement devra être établi, comme celui du soldat, seront dans les villes de garnison, logés aux bâtimens militaires, ou bien dans les maisons propres à ces usages, qui pourront être louées par les commissaires des guerres, avec l'intervention des officiers municipaux s'il en étoit besoin.

A défaut et en cas d'insuffisance des bâtimens militaires, ou des maisons qui y suppléeront, les sous-officiers, soldats et autres seront logés chez l'habitant.

Leur logement sera également établi chez l'habitant, lorsqu'ils seront en détachement ou cantonnement dans les villes, bourgs ou villages, mais, dans tous les cas, l'habitant recevra une indemnité pour chacun des sous-officiers, soldats et autres qu'il aura logés.

DECRET
DE LA
CONVENTION NATIONALE,

Du 29 septembre 1793, l'an 2 de la République Française une et indivisible.

Relatif aux dépôts de chevaux appartenans à la République.

LA Convention Nationale charge les administrateurs de département, de district, les municipalités, de surveiller les dépôts de chevaux appartenans à la République, de dénoncer tous les abus qui pourroient se commettre par les fournisseurs, marchands, inspecteurs et agens de dépôts, d'en poursuivre la punition; elle recommande spécialement les établissemens importans, au zèle, au patriotisme et à la surveillance des sociétés populaires des chefs-lieux de département, de district et de canton, qu'elle charge également de dénoncer lesdits abus.

Visé par l'inspecteur, *signé* S. E. MONNEL.

Collationné à l'original, pour nous président et secrétaires de la convention nationale. A Paris, le dix neuvième jour du premier mois de l'an second de la république Française, une et indivisible. Signé L. J. Charlier, *président*; D. V. Ramel et P. F. Piorri, *secrétaires*.

DÉCRET

Du 9 Nivose, l'an second de la République française une et indivisible.

Portant qu'il sera substitué aux rations d'avoine accordées pour la subsistance des chevaux de remonte ou autres au service de la République, un mélange de paille, de trefle ou de luzerne hachés, de son et d'avoine.

LA Convention nationale, après avoir entendu le rapport fait au nom de ses comités da salut public et de l'examen des marchés, décrète ce qui suit :

ARTICLE PREMIER.

A compter du 15 de ce ce mois, les rations d'avoine accordées par la loi du 23 Vendémiaire dernier, pour la subsistance des chevaux de remonte, ou autres, au service de la République, répartis dans les différens dépôts établis par le ministre de la guerre ou les généraux français, sont supprimées.

I I.

Il sera substitué à cette nourriture un mélange de paille, de trefle ou de luzerne, hachés le plus menu possible, de son et avoine.

III.

Cet amalgame sera fait dans les proportions ci-après :

Il y entrera moitié de paille, un quart de trefle ou luzerne, un huitième de son et un huitième d'avoine.

Il ne pourra y être procédé qu'en présence d'un commissaire des guerres, ou, à son défaut, d'un officier municipal du lieu de l'établissement ; il sera dressé procès-verbal de chaque mélange ; ce procès-verbal, signé du commissaire des guerres, ou de l'officier municipal qui y a assisté, sera fait double ; l'un sera envoyé au comité de l'examen des marchés, et l'autre restera à l'employé des subsistances militaires.

IV.

La ration de cette substance ainsi combinée, sera uniforme : elle sera composée d'un boisseau, mesure de Paris, pour tous les chevaux, quel que soit le genre de leur arme, et de leur service.

V.

Les préposés à la garde des dépôts à qui

cette substance sera délivrée, ne pourront la faire manger aux chevaux qu'après l'avoir légérement imprégnée d'eau.

V I.

L'administration des subsistances militaires est spécialement chargée de l'exécution de la présente loi sous sa responsabilité ; elle est en conséquence tenue de pourvoir des instrumens nécessaires à la préparation de la substance dont il s'agit.

V I I.

Les commissaires des guerres sont tenus de surveiller l'exécution de la présente loi, sous leur responsabilité.

V I I I.

Tout agent civil ou militaire, convaincu de l'avoir enfreinte, sera puni de cinq années de fers.

I X.

La loi du 23 Vendémiaire dernier continuera d'être exécutée en tout ce qui n'est pas contraire à la présente.

DECRET

Relatif aux chevaux malades et à refaire, des armées de la république.

Du 13 nivose de l'an second de la république française.

LA Convention nationale, ouï le rapport de ses comités réunis de la guerre etde surveillance sur les vivres, habillement et charrois militaires, décrète :

ARTICLE PREMIER.

Les chevaux employés au service de la république, dans quelque partie et quelqu'arme que ce soit, qui se trouveroient fatigués et seroient jugés susceptibles d'être refaits, ne pourront être réformés. Ils seront livrés à des agriculteurs pour être rétablis. Les chevaux tarés ou attaqués de maladie, ne peuvent être de ce nombre.

II.

A cet effet, les commissaires des guerres assistés d'un maréchal-expert, passeront les premiers de chaque-mois, une revue des chevaux qui seront actuellement dans les infirmeries.

III.

Dans les procès-verbaux de revue, ces chevaux seront séparés en trois classes, ainsi qu'il suit :

1°. Les chevaux réformés.

2°. Les chevaux blessés et les jeteurs.

3°. Les chevaux fatigués.

IV.

Seront compris dans la classe des chevaux réformés, ceux atteints de maladies ou blessures dont la cure sera jugée devoir durer plus de trois mois.

V.

Ces revues seront surveillées sous peine de nullité, par deux commissaires de la municipalité du lieu, et par un officier de l'arme ou du service qu'elles auront pour objet.

VI.

Les procès-verbaux des revues passées aux armées seront remis, avant le 4 de chaque mois, par les commissaires des guerres, aux commissaires-ordonnateurs en chef.

VII.

Les commissaires-ordonnateurs en chef

près les armées, feront un relevé général de ces procès-verbaux ; ils en enverront une expédition au comité de surveillance sur les vivres, habillement er charrois militaires, et une au ministre de la guerre, avant le 10 de chaque mois, sous peine de destitution. Les revues des services de l'intérieur seront envoyées de même dans le même délai et sous les mêmes peines, par les commissaires des guerres qui les auront rédigées.

VIII.

Les chevaux réformés seront trois jours après la réforme, conduits à vingt lieues environ dans l'intérieur de la république, à des chefs-lieux de district : ils y seront, à la diligence des directoires, vendus dans les formes et dans les délais prescrits. Ces délais courront du jour de leur arrivée.

IX.

Les chevaux blessés et les jeteurs seront tirés des infirmeries des armées, et répartis dans les places de l'intérieur ci-dessous désignées.

SAVOIR;

Pour l'armée du Nord.	A Melun, Montreau, Lagny ou Meaux, Fontainebleau, département de Seine-et-Marne.
Pour les armées des Ardennes et de la Moselle et pour le service de l'intérieur.	A Troies, Arcis-sur-Aube, Bar-sur-Aube, Langres, Brunoi, Joigny ou Villeneuve-sur-Yonne, département de l'Aube, de la haute-Marne et de l'Yonne.
Pour l'armée du Rhin.	A Gray, Vezoul, Luxeuil, Jussey ou Lure, département de la haute-Saône.
Pour l'armée des Alpes.	A Moulins et autres établissemens qui pourront être formés par le ministre de la guerre suivant les besoins.
Pour l'armée d'Italie.	Au Puy, dans le département de la haute-Loire.

Pour l'armée des Pyrénées-Orientales.	Au district de Revel, département de la haute-Garonne, et au district de Castres, département du Tarn.
Pour l'armée des Pyrénées-occidentales.	A Tulles ou Pompadour, département de la Corrèze.
Pour l'armée de l'Ouest.	A Indreville, ci-devant la Châtre, Bourges ou Vierzon, département de l'Indre et du Cher.
Pour l'armée des Côtes de Brest.	A Alençon, Mortagne ou Laval, département de l'Orne et de la Mayenne.
Pour l'armée des Côtes de Cherbourg.	A Évreux ou Verneuil, département de l'Eure.

X.

Les chevaux blessés et les jeteurs seront renvoyés des infirmeries de l'intérieur, aux armées, aussitôt après leur rétablissement.

X I.

Aussitôt après la publication du présent décret, les direotoires des districts des arrondissemens qui vont être désignés par le présent décret, enverront dans les communes de leur arrondissement, des commissaires qui, de concert avec les municipalités, dresseront le tableau des laboureurs en état de recevoir et refaire les chevaux fatigués des différens services militaires de la république. Ce tableau sera énonciatif de la quantité de chevaux qui pourra être confiée à chaque laboureur. Il sera envoyé sans délai par lesdits commissaires aux directoires des districts. Les commissaires envoyés à cet effet dans les communes, recevront un traitement de 3 livres par jour; ils seront de préférence pris dans le sein des sociétés populaires.

XII.

Les directoires de district transmettront, sans délai, copie de ces tableaux aux commissaires - ordonnateurs en chef des armées dans l'arrondissement desquelles ils sont situés. Les directoires du district du département de la Nièvre, enverront pareille copie aux commissaires des guerres chargés de surveiller les chevaux des services des transports militaires de l'intérieur.

XIII.

Les commissaires-ordonnateurs en chef près les armées, et les commissaires des guerres pour le service des transports militaires de l'intérieur, accuseront aux directoires de district la réception de ces tableaux; ils en feront un relevé général dont ils enverront, sans délai, une expédition au comité de surveillance sur les vivres, habillemens et charrois militaires, et une au ministre de la guerre.

XIV.

Ils feront conduire les chevaux fatigués des différens services militaires dans les chefs-lieux de district de leur arrondissement.

Ces arronddissemens sont :

Pour l'armée des Pyrénées Orientales.	Les départemens	de la haute Garonne, district de Revel, du Tarn, district de Castres.
Pour l'armée des Pyrénées-Occidentales.	Les départemens	de la Vienne. de la haute Vienne.
Pour l'armée des Alpes.	Les departemens	du Puy-de-Dôme, de l'Allier.
Pour l'armée du Midi.	Les départemens	de Rhône et Loire. de la haute Loire. de Saône-et-Loire.

Pour l'armée du Rhin.	Les départemens	du Doubs, de la haute Saône, des Vosges, de la Cote d'Or.
Pour l'armée de la Mozelle.	Les départemens	de la Marne, de la Haute Marne, de l'Aube, de l'Yonne.
Pour l'armée du Nord.	Les départemens	de l'Oise, de Seine-et-Marne,
Pour l'armée des Ardennes.	Les départemens	de la Meuse, des Ardennes.
Pour l'armée de l'Ouest.	Les départemens	du Calvados, d'Indre et Loire.
Pour le service des transports militaires de l'intérieur.	Le département de la Nièvre.	

XV.

Les chevaux à refaire seront conduits aux chefs-lieux de district, et de-là aux communes ci-dessus désignées, par des conducteurs pris dans les services ou armes d'où ils auront été tirés; chaque cheval sera accompagné de l'extrait du procès-verbal de revue qui le concerne. Cet extrait sera remis au secrétariat de la municipalité dans l'arrondissement de laquelle le cheval sera déposé.

XVI.

Lors du départ de ces chevaux pour les chefs-lieux de district, ou lors de leur retour aux différens services ou armes, les envoyeurs les réuniront, autant que faire se pourra, au nombre de trente-six. Ils en confieront six à la garde de chaque conducteur. Tout convoi de trente-six chevaux et au-dessus, sera commandé par un chef. Il ne sera pas attaché de chef à tout convoi au-dessous de ce nombre.

XVII.

Chaque directoire de district inscrira ces chevaux sur un registre au moment de leur arrivée; il en déchargera ledit registre lors de leur retour aux différens services ou armes. Il tiendra la main à ce qu'ils soient menés par les conducteurs dans la municipalité de son arrondissement qu'il indiquera.

XVIII.

Les municipalités délivreront un récépissé des chevaux aux conducteurs; ceux-ci les feront viser par les directoires de district, et les remettront, soit aux commissaires-ordonnateurs en chef près les armées, soit aux commissaires des guerres chargés de la surveillance du service de l'intérieur, d'où les chevaux auront été tirés.

XIX.

Les conseils généraux des communes feront remettre les chevaux, aussi-tôt après leur arrivée, ès-main des laboureurs qui auront été désignés pour en recevoir. Ils feront dresser de ce dépôt un acte conforme au modèle annexé au présent décret; cet acte sera signé du dépositaire; s'il ne sait pas signer, il en sera fait mention.

XX.

Tous les citoyens auxquels il aura été remis des chevaux en vertu du présent décret, recevront une solde de trente sols par cheval et par jour.

XXI.

Ils ne pourront, ni les employer à d'autres ouvrages qu'au labour, ni les prêter, à peine de cinquante livres d'amende. Dans le cas où ils en disposeroient par vente, échange ou autrement, ils seroient condamnés à une amende de 800 liv.

XXII.

Ils seront tenus, au trentième de chaque

mois, de représenter à la municipalité du lieu de leur domicile chaque cheval dont ils seront dépositaires. La municipalité leur délivrera un bon de solde pour le montant de la nourriture de ces chevaux pendant le mois échu ; ce bon constatera la situation actuelle desdits chevaux, il sera visé par le directoire et acquitté par le directoire du district ; le conseil-général de la commune pourra se faire assister d'un expert pour reconnoître la situation de ces chevaux.

XXIII.

Tout citoyen chargé de chevaux à refaire pour la République, qui remettra un cheval refait au bout de trois mois, recevra une prime de cinquante livres ; s'il le remet au bout de quatre mois, la prime sera seulement de vingt-cinq livres : il ne lui en sera point accordé, passé ce terme.

XXIV.

Tout cheval qui ne sera pas refait passé quatre mois, sera visité par un expert nommé par la municipalité : s'il est prouvé qu'il ait eté forcé au travail ou mal soigné, le dépositaire sera, à la diligence du directoire du district, contraint à la restitution du montant des bons de solde qu'il aura touchés, et le cheval sera placé par la municipalité chez un autre laboureur. Si le défaut d'amendement provient d'une autre cause, le cheval sera conduit par le dépositaire ou son préposé, sur les ordres de la municipalité, au chef-lieu du district : il y sera vendu, à la diligence du directoire, dans les formes et délais prescrits.

X X V.

Il est défendu à tout dépositaire de chevaux à refaire pour la République, sous peine de 800 liv. d'amende, d'acheter directement ni indirectement un cheval qui auroit été retiré de chez lui, et dont la vente auroit été ordonnée faute d'amendement.

X X V I.

Dès que le directoire du district aura connoissance qu'il existe dans son arrondissement trente-six chevaux refaits, il donnera des ordres aux municipalités de les faire conduire au chef-lieu par les dépositaires ou leurs préposés.

X X V I I.

Les chevaux seront reçus, à leur arrivée au chef-lieu du district, par un expert nommé par le directoire, en présence du dépositaire et de son préposé. Si le cheval est véritablement refait, l'expert du district mettra son approbation au bas du procès-verbal de la municipalité ; bans le cas contraire, il fera son rapport motivé.

XXVIII.

Lorsqu'un cheval sera reconnu par le rapport de l'expert du district, être complettement refait, le directoire en délivrera un récépissé au dépositaire, et il décidera si ce dernier a droit, ou non, à l'une des primes accordées par l'article XXIII du présent décret.

XXIX.

Tout cheval qui n'aura pas été reconnu complétement refait par l'expert du district, sera renvoyé chez le dépositaire, si les délais prescrits par l'article XXIV du présent décret ne sont pas expirés. Si ces délais sont expirés, les dispositions dudit article seront exécutées.

XXX.

Tout expert appelé pour aucune des opérations prescrites par le présent décret, sera payé à raison de deux livres par cheval qu'il visitera ; et en outre, de vingt sols par lieue, s'il se déplace.

XXXI.

Tout expert qui sera convaincu de collusion

avec

avec un dépositaire de chevaux appartenans à la république, sera condamné à dix ans de fers.

XXXII.

Quatre jours au plus tard après l'arrivée des chevaux refaits aux chef-lieux des districts, les directoires feront conduire ceux sortis des armées, aux commissaires-ordonnateurs en chefs; et ceux sortis des services de l'intérieur, aux commissaires des guerres chargés de les surveiller. Tout conducteur sera muni du procès-verbal d'expertise de la municipalité, approuvé par l'expert du district, pour chaque cheval qu'il conduira. Il est tenu sous peine de 50 liv. d'amende, de rapporter au directoire de district un récépissé du commissaire-ordonnateur, pour chaque cheval qu'il aura conduit aux armées, ou du commissaire des guerres pour les chevaux des services de l'intérieur.

XXXIII.

Aussitôt après l'arrivée des chevaux refaits soit aux armées, soit dans les villes de l'intérieur, les commissaires - ordonnateurs en chef desdites armées, ou les commissaires des guerres pour l'intérieur, feront rentrer lesdits chevaux dans les services d'où ils auront été tirés. Les commandans des corps des troupes à cheval, les régisseurs ou entrepreneurs des charrois militaires ou d'artillerie, ou leurs préposés, leur en donneront décharge, chacun en ce qui les concerne.

XXXIV.

En cas de mort d'un cheval chez un dépositaire, celui-ci sera tenu sous peine de 300 liv. d'amende, de requérir la municipalité dans les vingt-quatre heures, à l'effet d'en faire dresser procès-verbal par un commissaire.

XXXV.

Ce procès-verbal sera envoyé sous huitaine au directoire du district, et par lui aux commissaires-ordonnateurs près les armées, ou aux commissaires des guerres pour l'intérieur, qui en instruiront le chef du service duquel le cheval mort aura été tiré.

XXXVI.

Chaque commissaire ordonnateur en chef près les armées fera, dans les arrondissemens déterminés par l'article XIV, des sous-divisions pour les chevaux des différens services et armes, afin que chacun d'eux puisse surveiller les chevaux qui lui appartiennent. Il fera conduire ces chevaux par des hommes appartenans à chacun desdits services ou armes.

XXXVII.

Les chevaux seront conduits des armées ou des services de l'intérieur, aux chefs-lieux de district, et seront ramenés des chefs-lieux de district aux armées ou aux services de l'intérieur, par étape. Les hommes préposés à leur conduite recevront aussi l'étape en allant et revenant. Ils seront payés par la république sur le pied de la solde dont ils jouissent dans les services auxquels ils sont attachés. Tous marcheront sur un ordre de route. Les rations de fourages cesseront pour tous les chevaux, du jour du départ, soit des armées, soit des services de l'intérieur; elles reprendront leur cours du jour de la rentrée des mêmes chevaux dans leurs différens services : il en sera de même pour la solde des chevaux des charrois des armées et transports d'artillerie.

XXXVIII.

La marque de chacun des services des charrois militaires, ainsi que les numéros, seront renouvellés au fer chaud sur les chevaux avant le départ pour les chefs-lieux de district : les chevaux des troupes à cheval seront aussi marqués au fer chaud, si fait n'a été, des lettres R. F.

XXXIX.

Tous les procès-verbaux de revue, récépissés, bons et inscriptions, ainsi que tous extraits et expéditions d'iceux, prescrits par le présent décret, seront énonciatifs du signalement, de l'âge, de la taille, de la marque, du numéro et de la situation actuelle de chacun des chevaux à l'occasion desquels ils auront eté rédigés.

X L.

Les frais de conduite des chevaux des armées ou services de l'intérieur aux communes seront acquittés par les receveurs des districts sur les mandats des commissaires ordonnateurs en chef pour les armées, et sur ceux des commissaires des guerres pour les services de l'intérieur.

X L I.

Les frais de conduite des chevaux des chefs-lieux de district aux armées ou aux services de l'intérieur, ceux d'expertise, soit dans les communes, soit dans les districts, les traitemens des commissaires qui seront envoyés dans les communes, en exécution de l'article II, ainsi que les primes qui pourront écheoir au profit des dépositaires, en vertu de l'article XXIII du présent décret, seront acquittés par les receveurs de district sur le mandat des directoires.

XLII.

Les receveurs de district demeurent autorisés à passer en dépenses les mandats des directoires, délivrés en vertu de l'article précédent, ainsi que les bons délivrés par les municipalités, et visés par les directoires, en vertu de l'article XX. Les directoires de districts en enverront, chaque mois, le bordereau à la trésorerie nationale.

XLIII.

Les amendes qui pourront écheoir en vertu du présent décret, seront versées dans la caisse des receveurs de district, qui les passeront en recette. Les directoires de district enverront, tous les trois mois, le bordereau de ces amendes à la trésorerie nationale.

XLIV.

La Convention nationale recommande

l'exécution du présent décret au zèle et à la surveillance des municipalités, des corps administratifs, des comités de surveillance, des inspecteurs-généraux des charrois de l'armée nommés par elle, et au patriotisme des sociétés populaires.

Modèle de l'acte de dépôt des chevaux à refaire pour la République, chez les cultivateurs.

Je soussigné
habitant de la commune d
district d   département
d   reconnois avoir reçu
en dépôt, pour le compte de la République, un cheval à refaire, sous poil
âgé de   taille de
marqué au fer chaud   n°.
ainsi qu'il résulte de l'extrait du procès-verbal fait par   à
le   et déposé au secrétariat de cette municipalité, et je m'oblige, comme pour les propres affaires de la République, aux conditions portées par le décret du 13 nivôse, l'an deuxième de la République française, une et indivisible.

Fait à   le

DÉCRET

Du 16 nivôse, de l'an second de la République française.

Portant qu'à compter du 15 Pluviôse prochain, les traités faits par les ministres de la guerre avec les citoyens Lanchère, Choiseau, Winter et Boursault, pour les fournitures de chevaux et équipages destinés au service de l'artillerie, seront résiliés.

La Convention nationale, ouï le rapport de ses comités de salut public, de la guerre et de surveillance, sur les vivres, habillemens et charrois militaires, décrète :

Article premier.

A compter du 15 Pluviôse prochain, les traités faits par les ministres de la guerre avec les citoyens Lanchère, Choiseau, Winter et Boursault, pour les fournitures des chevaux et équipages destinés au service de l'artillerie, lesquels avoient été provisoirement conservés par le décret du 25 juillet dernier, seront résiliés.

II.

Du jour de la notification du présent décret, lesdits entrepreneurs cesseront tous achats de chevaux, harnois et autres objets relatifs à leur entreprise.

III.

Le service des charrois de l'artillerie sera réuni, le 15 pluviôse prochain, aux autres services des charrois militaires, pour être administré sous la surveillance de la régie créée en vertu du décret du 15 juillet dernier, dans la forme et aux conditions prescrites par ledit décret, et autres y relatifs.

IV.

A compter du 15 pluviôse prochain, le prix de la journée d'entretien des chevaux et mulets employés aux différens services des charrois militaires et de l'artillerie, qui avoit été fixé à 3 livres 10 sous par chaque cheval ou mulet, en vertu de la loi du 25 juillet dernier (vieux style) sera payé à raison de 2 livres 15 sous.

V.

Le nombre des régisseurs des charrois militaires sera augmenté de cinq membres, lesquels seront nommés par la convention nationale, sur la présentation du comité de salut public, avant le 15 Pluviôse prochain, et seront soumis aux mêmes conditions que ceux déjà en exercice.

VI.

Il sera fait dans le jour du 15 pluviôse prochain, par-tout où besoin sera, une revue générale, pour constater le nombre des employés, charretiers, chevaux, charriots, harnois et autres effets dépendans des équipages, tant des compagnies supprimées par le présent décret, que des autres services connus sous la dénomination de charrois militaires, et administrés par la régie desdits charrois.

VII.

Cette revue sera passée dans chaque armée, d'après les instructions du comité de surveillance des vivres, habillemens et charrois militaires, à la diligence d'un représentant du peuple nommé à cet effet par la Convention nationale, sur la présentation de son comité de salut public. Ce commissaire choisira le nombre d'agens qu'il croira devoir employer à la confection de cette revue.

La revue des dépôts de l'intérieur sera passée par deux commissaires nommés par les municipalités, lesquels seront pris de préférence dans les sociétés populaires.

VIII.

Il sera fait quatre expéditions de chacun des procès-verbaux de ladite revue, qui seront adressées, savoir : celles faites dans les armées, aux représentans du peuple chargés de cette opération ; et celles des dépôts de l'intérieur, aux directoires de district. Les représentans du peuple et les directoires de district viseront ces expéditions, et en adresseront de suite une au comité de surveillance sur les vivres, habillemens et charrois militaires, une au ministre de la guerre, une à la trésorerie nationale, et une à la régie des charrois militaires.

IX.

Les représentans du peuple se feront représenter les procès-verbaux de la dernière revue, et ceux des chevaux morts, réformés, pris ou tués par l'ennemi depuis sa confection ; ils feront faire le contrôle du tout sur les procès-verbaux de revue qui leur auront été remis en vertu du présent décret.

X.

Dès que la revue numérique ordonnée par

les articles précédens sera complétée, les représentans du peuple envoyés à cet effet feront procéder, sous leurs yeux, dans chaque division des armées, à une seconde revue de toutes les brigades, et à la réforme des chevaux, mulets, voitures, caissons, forges de campagne, harnois et autres objets faisant partie des équipages, qui se trouveroient hors d'état de service, ainsi qu'à l'estimation des chevaux propres au service des troupes à cheval, s'il s'en trouve, lesquels seront employés dans les encadremens; ils s'entendront, pour cette opération, avec les représentans du peuple chargés par décret du . . . . . . de l'encadrement des chevaux de réquisition dans les différens corps de cavalerie; ils se feront assister, à cet effet, d'un artiste vétérinaire. La régie des charrois militaires, ainsi que les entrepreneurs dont les traités se trouvent résiliés, sont tenus de commettre chacun un expert pour procéder contradictoirement à cette seconde revue.

XI.

Les harnois, ustensiles, habillemens de charretiers, et tous autres objets relatifs au service des charrois de l'artillerie, qui se trouvent actuellement dans les magasins des entrepreneurs supprimés, seront, d'ici au 15 pluviôse prochain, inventoriés par les commissaires des guerres, sous la surveillance de la municipalité du lieu, et en présence desdits entrepreneurs ou de leurs préposés; ils seront au même instant mis à la disposition de la régie des charrois militaires, qui en fera la réception ou par ses préposés. Les décharges qu'elle donnera de ces effets seront adressées par les commissaires des guerres à la trésorerie nationale, qui en portera le montant au débit de ladite régie, et au crédit des entrepreneurs supprimés, sur le prix de facture.

XII.

Tous les entrepreneurs des services de l'artillerie seront tenus de compter de clerc-à-maître pour tout le temps de la durée de leur bail, dans les formes prescrites par le décret du 11 brumaire.

XIII.

La Convention nationale proroge à deux mois, à compter de ce jour, le délai qui avoit été fixé, par le même décret, pour la reddition de ces comptes. Ceux desdits entrepreneurs dont les comptes n'auront pas été appurés à l'expiration dudit délai, seront mis en état d'arrestation, les scellés apposés sur leurs papiers, meubles et effets, et ils seront contraints à payer 500 liv. d'amende par jour, jusqu'à ce que la remise intégrale de leurs pièces comptables, ait été effectuée.

XIV.

Les entrepreneurs d'artillerie recevront, jusqu'à l'époque de leur suppression, le paiement de leur solde, d'après le mode prescrit par le décret du 18 août dernier (vieux style), pour assurer leur service.

XV.

Tous les charretiers, conducteurs et autres préposés des services d'artillerie, dont les traités se trouvent résiliés par le présent décret, sont tenus de continuer leur emploi comme par le passé, et jusqu'à ce qu'ils soient remplacés, si la régie le trouve convenable aux intérêts de la République ; et les principaux comptables, jusqu'après l'apurement de leurs comptes.

XVI.

Les entrepreneurs dont les traités sont supprimés par le présent décret, demeurent responsables envers la République de toutes les mauvaises et défectueuses fournitures qu'ils auront pu lui faire en chevaux, harnois et autres effets.

Instruction sur les charrois militaires, décrétée le 18 Nivôse, pour l'exécution du décret du 16 du même mois.

La Convention nationale, ouï son comité de surveillance des vivres, habillemens et charrois militaires, décrète l'instruction suivante, pour être remise aux représentans du peuple et aux municipalités chargées de passer dans toutes les armées, places, quartiers, cantonnemens et dépôts de l'intérieur, les revues générales des employés, ouvriers, charretiers ou conducteurs, chevaux, jumens, mules, mulets, chariots, voitures, caissons, forges de campagne et autres objets nécessaires aux équipages des services des charrois militaires et de l'artillerie, en exécution de son décret du 16 de ce mois.

ARTICLE PREMIER.

Sous le nom de charrois militaires, sont compris ceux des effets de campement, ceux des vivres et ceux de l'ambulance des hôpitaux. Ils sont tous confiés à l'administration d'une régie, en vertu du décret du 25 juillet dernier (vieux style). L'administration centrale de cette régie réside à Paris, rue de Provence, n°. 16.

I I.

Le service de l'artillerie est confié à quatre entrepreneurs qui sont les citoyens Lanchère, Choiseau, Winter et Boursault. Il doit être réuni, le 15 pluviôse, aux autres services des charrois militaires, d'après le décret du 16 de ce mois.

I I I.

Le décret du 16 nivôse ordonne qu'il sera fait de tous ces équipages, d'abord une revue numérique, ensuite une revue de réforme.

I V.

La revue numérique a pour objet principal, de conssater le nombre des employés, ouvriers, charretiers ou conducteurs des chevaux, jumens mulets ou mules, charriots, voitures, caissons, forges de campagne et tous autres objets nécessaires à ces différens services. Elle doit être faite le même jour : sans cela, au moyen des mouvemens continuels de l'armée, on courroit les risques de compter les mêmes chevaux deux fois.

V.

Pour obtenir la célérité et l'exactitude requises, les représentans du peuple, chargés de faire cette revue, sont autorisés à choisir des agens intelligens et probes, en telle quantité qu'ils croiront nécessaire. Ils sentiront sans doute l'importance de ce choix.

V I.

Lors de cette revue, chaque charretier sera tenu de présenter son engagement à l'agent chargé de la faire, à peine de trois livres d'amende Tout homme non-attaché au service des charrois militaires ou de l'artillerie, qui sera convaincu de s'être présenté frauduleusement, lors d'une revue, pour être compté au nombre des employés, ouvriers ou charretiers, sera puni de trois mois de prison; tout conducteur qui aura toléré cette fraude, sera destitué et puni d'un an de prison. Le procès-verbal de la revue sera énonciatif des noms et prénoms des hommes, des numéros des voitures, caissons et forges de campagne, ainsi que des numéros et signalement des chevaux : le tout conformément au décret du 19 août dernier (vieux style.) Ladite revue sera rédigée sur des tableaux conformes au modèle annexé à la présente instruction.

La

La revue de chaque brigade sera inscrite sur un tableau séparé.

Elle sera passée en présence d'un des employés attachés au service de la brigade, qui sera tenu de la signer.

VII.

La revue de réforme a pour objet de constater la qualité des chevaux, jumens, mules, mulets, charriots, voitures, caissons, forges de campagne et tous autres objets nécessaires à ces différens services, de reconnoître parmi les chevaux des charrois ceux qui pourroient être propres au service des troupes à cheval, de les signaler et marquer, de les en faire extraire et de les faire employer dans les encadremens, en se concertant avec le représentant du peuple chargé desdits encadremens, de reconnoître, signaler et marquer les chevaux propres au service des charrois et ceux propres au service de l'artillerie, et de les faire classer en conséquence, ainsi que de faire réformer tout ce qui pourroit être hors d'état de servir.

VIII.

Ces différentes opérations doivent être faites avec la plus grande circonspection, et à cet effet le représentant du peuple doit s'adjoindre un artiste vétérinaire d'une capacité reconnue pour la partie des chevaux, un maître charron pour les voitures, et un maître bourelier pour les harnois; les surveiller continuellement : il doit faire examiner tous les chevaux des charrois et de l'artillerie de l'armée, ainsi que les voitures et harnois; faire opérer en présence d'un expert, des entrepreneurs ou de la régie des charrois, qui pourront être entendus sur les motifs de la réforme, et il doit prononcer en cas de discussion; il doit faire rédiger autant d'états séparés qu'il y aura de classes de chevaux; c'est-à-dire, un état des chevaux propres au service des charrois, un de ceux propres au service de l'artillerie, un de ceux propres au service des troupes à cheval, un de ceux hors d'état de service, et dont la réforme sera prononcée sur le champ, un de ceux blessés ou malades, dont la cure peut être faite dans le délai de trois mois, et un de ceux fatigués et qui peuvent être refaits.

IX.

Indépendamment des qualités requises, les chevaux doivent être marqués d'un fer chaud sur une fesse, de la marque de la République, et sur l'autre d'un numéro. Les voitures, caissons et forges de campagne doivent être marqués sur les deux brancards, aux trois-quarts de chacun d'eux, et sur le moyeu de chaque roue à l'estampe, entrant de deux lignes dans le bois ; le même numéro doit être apposé à l'huile et au noir sur la couverture : ces mêmes numéros doivent être établis par série, de manière que chaque numéro ne puisse pas contenir plus de trois chiffres, conformément à la loi du 19 août dernier (vieux style). Le représentant du peuple doit s'assurer, lorsqu'il passera la revue de réforme, si toutes ces dispositions ont été remplies.

X.

Il est sur-tout important, lorsque l'on procédera à la revue de réforme, d'épurer tous les employés et charretiers, et d'éloigner de ces différens services tous les hommes suspects d'incivisme et d'improbité, ou convaincus d'une négligence persévérante à remplir leurs devoirs.

La présente instruction et le modèle d'état de revue, seront imprimés, pour être remis aux représentans du peuple chargés de faire les revues prescrites par le décret, du 16 nivôse, et envoyé à toutes les municipalités des lieux dans lesquels sont situés les différens dépôts de chevaux, soit de la régie, soit des entrepreneurs d'artillerie.

DISPOSITIONS GÉNÉRALES

Pour les feuilles de mouvemens des équipages des charrois des armées, arrêtées par le Ministre de la guerre.

CHAPITRE PREMIER.

Des brigades dans les armées.

ARTICLE PREMIER.

A compter du 1er. ventôse, chaque conducteur en chef d'une brigade des charrois, tant pour le service des effets de campement des parcs, vivres, et ambulance des hôpitaux, que pour celui de l'artillerie des places et de campagne, sera tenu, sous peine de destitution, de faire remettre, tous les dix jours, au commissaire des guerres, chargé de la police des charrois, deux copies de mouvemens journaliers de la brigade qu'il commande.

II.

Les feuilles de mouvemens seront imprimées de manière que le conducteur n'ait plus qu'à remplir : elles seront signées de lui.

I I I.

Ces deux exemplaires seront envoyés ; l'un à l'ordonnateur en chef ; et l'autre aux inspecteurs généraux nommés par la Convention.

I V.

L'ordonnateur en chef inscrira le relevé de ces feuilles de mouvemens sur un registre destiné à cet effet ; et chaque décade il en enverra un tableau en double expédition au ministre de la guerre.

V.

Ces feuilles comprendront : 1°. le nombre d'hommes employés, avec leurs grades, les démissions, les malades, les morts et le nombre de rations de pain qui auront été distribuées.

2°. Le nombre de chevaux de trait et de selle ; ceux morts, pris ou tués par l'ennemi ; ceux réformés ou envoyés à l'infirmerie.

3°. Le nombre de voitures, en distinguant celles à deux ou quatre chevaux.

4°. Enfin, le nombre de harnois. Chaque conducteur spécifiera également l'ordre qu'il aura reçu dans la journée et ce qu'il aura fait pour son exécution.

V I.

Les garde-magasins donneront également,

tous les dix jours, un état des objets contenus dans les magasins avec le détail de ceux entrés ou partis dans le jour ; il en sera aussi dressé des états particuliers qui seront également adressés au ministre toutes les décades.

VII.

Les payeurs généraux remettront également des états certifiés d'eux, des recettes et dépenses de chaque jour et comme il est dit ci-dessus ; l'état général en sera dressé tous les dix jours par l'ordonnateur, qui l'adressera en double expédition au ministre de la guerre.

VIII.

L'exécution de cet ordre est confiée aux soins, à la surveillance des commissaires-ordonnateurs et de ceux chargés de la police des charrois, chacun d'eux en demeure responsable.

CHAPITRE DEUXIÈME.

Des dépôts.

ARTICLE PREMIER.

Chaque chef de dépôt remettra chaque jour au commissaire des guerres, chargé de la police du dépôt, deux feuilles du mouvement de la journée, sous peine de destitution.

II.

Une de ces feuilles sera envoyée, tous les dix jours avec le relevé, au ministre de la guerre; l'autre restera entre les mains du commissaire des guerres; il enverra seulement un état relevé à l'ordonnateur de la division militaire où sera le dépôt.

III.

Ces feuilles porteront tous les objets détaillés à l'article V du chapitre I.

IV.

Les gardes-magasins, les contrôleurs-payeurs remettront au commissaire des guerres les états portés aux articles VI et VII du chapitre I.

V.

La régie ne sera pas dispensée d'adresser au ministre, chaque décade, l'état des mouvemens, ceux de situation des dépôts et des équipages dans les armées; elle sera tenue au contraire de les envoyer très-exactement et sans aucun retard.

VI.

Les commissaires ordonnateurs des divisions et les commissaires des guerres chargés de la police des charrois, veilleront à l'exécution du présent ordre, *sous leur responsabilité personnelle.*

Pour ampliation, l'Adjoint de la deuxième division,

V. D'AUBIGNI.

www.ingramcontent.com/pod-product-compliance
Ingram Content Group UK Ltd.
Pitfield, Milton Keynes, MK11 3LW, UK
UKHW020345230726
13925UKWH00003B/976